KB266471

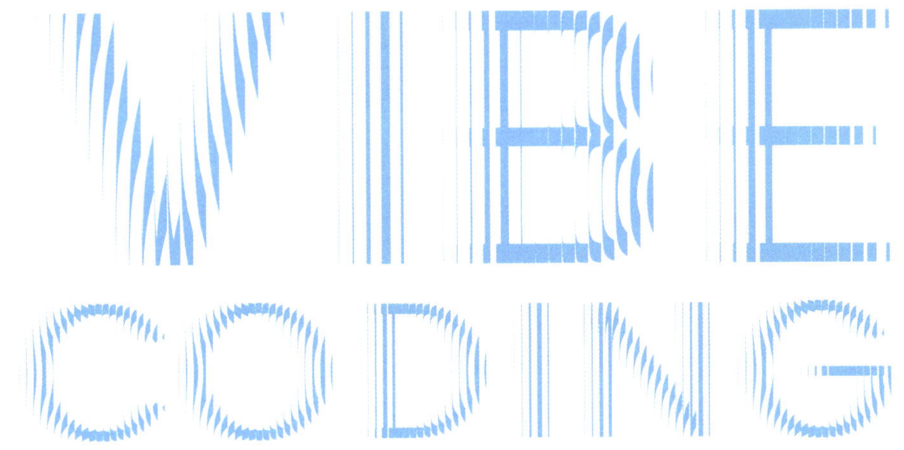

처음 만나는
바이브 코딩 X MCP

AX 시대, 감정과 맥락으로 키우는 AI 문해력

김동한 지음

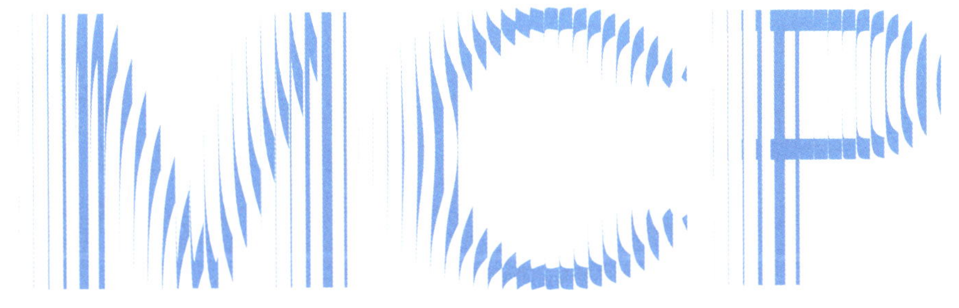

박영사

김프로의 바이브 속으로

우리는 오랜 시간 지식을 배워왔습니다. 하지만 정작 '생각하는 법'은 배우지 못했습니다. 학문에는 정답이 있지만, 사고의 흐름이나 감정의 갈피는 정체를 정확히 알 수 없죠. 머릿속을 가득 채운 생각에는 정답이란 게 없습니다. 그럼 우리가 찾는 건 뭘까요.

데이터가 넘쳐나는 걸 넘어서 데이터에 지배를 받는 세상이 다가오고 있습니다. 숫자와 그래프가 세상만사를 설명하는 언어가 되어버렸죠. 하지만 데이터가 많을수록 인간은 거꾸로 방향을 잃기 쉽습니다. 데이터는 '사실'을 말하지만, 그 사실의 기반인 '감정'은 말하지 않기 때문이죠. 결국 중요한 건 정보를 얼마나 알고 있느냐가 아니라, 그 정보를 어떻게 느끼고 해석하느냐에 있습니다. 이것이 바로 감각적 사고력, '바이브로 사고하는 능력'입니다.

생각은 직선이 아니라 파동입니다. 논리적 사고가 구조를 만든다면, 감각적 사고는 그 안에 흐르는 결을 만듭니다. 누군가는 "논리는 생각의 뼈대"라고 말하지만 실은 그 뼈대 위에서 결이 생각을 살아 있게 합니다. '바이브 코딩(Vibe Coding, 이하 바이브 코딩)'은 이 결을 의식적으로 다루는 연습입니다. 생각을 구조로 묶는 대신, 감정과 직관의 움직임을 따라가며 '사고의 파형'을 조율하는 훈련이죠. 즉, 사고를 더 잘하기 위한 방법이 아니라 **사고를 느끼는 새로운 방식**입니다.

모든 사람은 각자의 바이브로 생각합니다. 어떤 사람은 빠르고, 어떤 사람은 깊습니다. 어떤 사람은 논리로, 어떤 사람은 감정으로 흐르죠. 바이브 코딩은 이 사고의 리듬을 인식하고 그 리듬을 **의식적으로 디자인하는 기술**입니다. 그래서 같은 주제를 놓고도 더 부드럽고 더 유연하게 생각할 수 있게 됩니다. 한마디로 바이브 코딩은 생각을 바꾸는 것이 아니라 생각의 흐름을 조율하는 일인 거죠.

MCP(Model-Context Protocol, 이하 MCP)는 다양한 AI 에이전트와 외부 세계 간의 연결을 매끄럽게 해주는 표준 통신 프로토콜을 뜻합니다.[1] **AI가 세상과 대화하는 새로운 언어**입니다. 서로 다른 에이전트와 시스템, 그리고 인간의 도구들이 하나의 감각으로 연결되도록 돕는 표준 프로토콜이죠. 이 연결이 매끄러워질수록 AI의 사고 범위는 확장되고, 기술은 다시 '맥락을 이해하는 존재'로 진화합니다.

이 시점에서 질문하고 싶습니다. '생각'도 연습이 가능할까요? 가능합니다. 우리가 피아노를 연습하고 운동을 연습하듯 **생각도 연습할 수 있습니다.** 다만 그 연습의 방식이 달라야 합니다. 머리를 채우는 공부가 아니라 감정을 읽고 맥락을 조율하는 연습이어야 합니다. 바이브 코딩은 이 새로운 형태의 연습입니다. '생각을 훈련하는 언어', 즉 **감정과 논리를 동시에 다루는 훈련 도구**이죠. 이 책은 코딩을 배우는 기술서가 아니라 '사고의 리듬'을 배우는 감각서에 가깝습니다.

이 책은 기술을 배워야 한다고 말하지 않습니다. 대신, 기술을 이해하는 **새로운 감각을 배우자**고 제안합니다. 바이브 코딩은 그 감각을 훈련하기 위한 언어이며 MCP는 그 감각을 구조화하는 프레임입니다. 생각은 더 이상 '머리의 일'이 아닙니다. 그건 '느낌의 기술'이자, '리듬의 연습'입니다. 이제 우리는 사고를 논리로만 하지 않습니다. 사고를 **감정으로 연주하는 시대**에 들어섰습니다. 그리고 그 악보의 이름이 바로 **바이브 코딩 & MCP**입니다.

---

1 https://www.anthropic.com/

Krea 이미지 생성

김프로의 고백

사실 이 책의 기획은 AI에 대한 공포를 가진 나의 가족구성원 1인을 관찰하며 처음 시작되었습니다. 그 가족은 제가 20년 이상 IT 현장의 최전선에 있었음에도 이미 바뀐 세상을 받아들이지 못한 채 아날로그 인간으로 살아가고 있습니다. 이제는 많은 가정에서 사라진 유물인 필름 카메라, 수많은 잡지와 책들, 라디오와 DVD 플레이어가 우리 집엔 있죠. 원래 인간은 모를 때 두려워합니다. 정체를 알면 그 두려움이 옅어지거나 작아지거나 또는 사라질 거라 믿습니다. "두려워하지 말고 정확히 알자. 알기 위해 배우고 연습하고 즐기자." 마치 딸에게 수영을 가르칠 때처럼 천천히 쉽게 이야기를 풀어가며 넓고 얕은 물에 발부터 담가보게 하는 것이 이 책의 목표이자, 초심자에게 말을 거는 IT 스페셜리스트 김동한의 진심입니다.

AI는 인간을 대체하지 않습니다. 인간이 말하지 못했던 생각을 조금 더 정확하게 표현하도록 도와줄 뿐입니다. 바이브 코딩은 "생각을 말하는 언어"이며 MCP는 "그 언어들이 서로 이해하게 만드는 연결 구조"입니다. 그리고 이제 우리에게 남은 일은 단 하나. 두려움 없이 감정을 설계하고 맥락을 연결하며 기술과 인간이 함께 이해하는 시대를 직접 만들어 가는 일. 바로 이것입니다.

Krea 이미지 생성

차례

김프로의 바이브 속으로 2

1부 | 바이브 코딩 - 감정의 언어　　9

▶ 1 장　바이브 코딩의 정의 12

▶ 2 장　바이브 코딩 실습 24

2부 | MCP - 맥락의 기술　　61

▶ 1 장　MCP의 정의 62

▶ 2 장　MCP 실습 68

참고　바이브 코딩과 MCP의 차이 118

3부 | ChatGPT - 감정과 맥락의 실험실　　127

▶ 1 장　ChatGPT의 정의 128

▶ 2 장　ChatGPT 실습 134

4부 | 새로운 문해력 - 감정·맥락·AI의 공존　　145

김프로의 에필로그 149

부록　AI·바이브 코딩·MCP 핵심 용어집 154

부록　바이브 코딩 연습장 162

부록　MCP 연습장 168

처음 만나는 바이브 코딩 X MCP

1부

바이브 코딩 – 감정의 언어

인공지능의 기초

인공지능(AI)은 "데이터로부터 스스로 배우는 기술"입니다. 예전의 컴퓨터는 사람이 모든 규칙을 일일이 알려줘야 했습니다. "이런 경우엔 이렇게 해라"라고 명령해야만 움직였죠. 하지만 AI는 다릅니다. AI는 스스로 패턴을 찾아내고, 그 패턴으로 새로운 상황을 예측합니다. AI는 '규칙을 외우는 존재'가 아니라 '규칙을 스스로 만드는 존재'인 것이죠. 이것이 바로 "기계학습(Machine Learning)"의 핵심이에요. AI는 데이터에서 배웁니다. 수많은 이미지를 보여주면 고양이와 개를 구분하게 되고, 수많은 문장을 보여주면 언어의 문법을 체득합니다. 한마디로 AI는 "반복을 통해 감각을 만들어 가는 기술"입니다.

AI의 세계를 구성하는 가장 기본적인 세 축은 다음과 같습니다.

1. 머신러닝(Machine Learning)

데이터를 기반으로 규칙을 스스로 학습합니다.

예 이메일을 스팸과 일반메일로 분류, 사진 속 얼굴 인식

2. 딥러닝(Deep Learning)

머신러닝보다 훨씬 복잡한 구조로, 인간의 뇌를 모방한 신경망(Neural Network)을 이용합니다. 이 기술 덕분에 AI는 음성 인식, 자율주행, 번역 등 복잡한 문제를 스스로 해결할 수 있게 되었습니다. 딥러닝은 "입력층(Input Layer) → 은닉층(Hidden Layer) → 출력층(Output Layer)" 구조로 데이터를 통과시키며, 각 단계에서 스스로 가중치를 조정합니다.

3. 자연어 처리(NLP, Natural Language Processing)

언어를 이해하고 생성하는 기술입니다. AI가 인간의 말을 "문자열"이 아니라 "의미"로 해석하기 위해 만들어진 영역이죠. 이후에 등장할 ChatGPT 역시 NLP 기술 위에 세워진 모델입니다.

1장

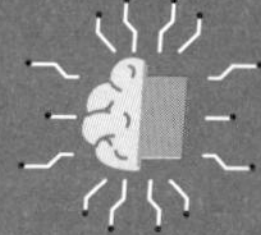

바이브 코딩의 정의

바이브 코딩은 AI, 특히 LLM(Large Language Model, 대규모 언어 모델, 이하 LLM)을 활용해서 개발자가 일상적인 용어로 기능을 설명하면 AI가 코드를 생성해 주는 방식을 뜻합니다. 아침에 옷을 고를 때처럼 "오늘은 *이런 앱을 만들고 싶어*" 하고 말로 설명하면 AI가 그 설명을 코드로 바꿔 주는 시대입니다. 영상자료를 텍스트자료로 만들거나, 텍스트자료를 음성자료로 만드는 일 또한 AI가 손쉽게 대신해 주죠. 이것이 바로 바이브 코딩, "원하는 기능과 분위기(Vibe)를 자연어로 말하면 AI가 코드를 생성해 주는 개발 방식"이죠.

① **자연어 기반 협업**: 개발자가 "무엇을 만들지" 말로 설명한다.
② **대화형 제작**: AI와 티키타카하며 질문하고 수정해서 실시간으로 완성한다.

핵심은 이 두 가지예요.

✨ 왜 '바이브'일까?

여기서의 **바이브**는 "감정 드립"이 아니라 **결과물의 분위기·톤·사용자 느낌까지 함께 설명한다는 뜻**입니다. 예를 들어 "*차분한 파스텔 톤의 일정앱*", "*게임처럼 보상 애니메이션이 있는 영어단어 앱*"처럼 의도와 느낌까지 말로 적어 넣으면, AI가 그걸 UI/문구/인터랙션에까지 반영하는 것이죠. 즉 바이브 코딩은 기능(무엇) + 의도/분위기(어떻게 보이고 느껴

져야 하는가)를 한 번에 설계하는 방법입니다.

✨ 자연어로 코드를 만든다

한 줄의 코드 대신 한 문장의 설명으로, 복잡한 구조 대신 명료한 의도로 프로그램을 짜는 방식이 바로 바이브 코딩의 시작점, 자연어 기반 협업입니다. 이전의 개발은 '정확한 명령'을 쓰는 일에 가까웠습니다. 변수와 함수의 틀을 알아야 했고 문법을 조금만 틀려도 시스템은 우리의 뜻을 알아듣지 못했습니다. 그러나 지금은 다릅니다. AI에게 *"할 일 목록을 만들고, 완료 버튼을 누르면 카드가 위로 튀어오르게 해줘."*라고 말로 설명하는 자체로 설계도가 만들어집니다. AI는 그 문장을 해석해 HTML, CSS, JS로 초안을 만들고, 우리는 거기서 색을 바꾸고, 모양을 다듬으며 대화를 이어가죠. 여기서 중요한 건 정확성보다 맥락성입니다. *"버튼을 둥글게 해줘."*라는 말에는 시각적 감각이 담겨 있고 *"조금 더 부드럽게 보여줘."*라는 요청에는 사용자의 경험이 숨어 있습니다. AI는 그 감각을 읽어내고, 우리는 그 결과를 다시 말로 조정합니다. 이 주고받음의 과정에서 생각은 언어를 거쳐 구조로 바뀌고 코드로 흘러갑니다. 한마디로 바이브 코딩은 '코드를 쓰는 협업'이 아니라 '언어로 설계하는 협업'입니다.

AI와의 협업이란 결국 서로의 언어를 배우는 일입니다. AI는 우리의 말에서 의도를 읽고, 우리는 AI의 결과물에서 논리를 읽죠. 그 과정은 하나의 리듬처럼 반복됩니다. 요청, 실행, 피드백, 수정. 빠르지도 느리지도 않게, 서로의 속도를 맞추는 일. 그 리듬이 바로 자연어 협업의 핵심입니다. 프롬프트는 명령이 아니라 대화의 문장입니다. *"완료하면 '짝!' 소리를 내줘.", "색은 밝게, 글씨는 크게", "새로고침해도 남아있게 만들*

어 줘.” 이런 문장들은 모두 코드의 시작이자 사람의 감각이 들어간 설계 언어입니다. AI는 이 언어를 받아들여 논리 구조로 번역합니다. 우리는 코드의 문법을 배우는 대신 감각의 문법을 배우는 셈입니다. 중요한 건 이 과정이 한 번의 지시로 끝나지 않는다는 점입니다. **AI가 만든 결과를 보고 우리는 다시 물어야 합니다.** *“좋아, 그런데 조금 더 천천히 올라가면 좋겠어.”* 이 말 한마디에 코드를 바꾸고 UI의 속도를 조절합니다.

　　바이브 코딩은 ‘내가 원하는 것을 말하는 법’을 배우는 훈련이기도 합니다. 기술과 인간이 서로 원윈이면서 재능기부이기도 합니다. 기술은 감정을 이해하려 하고 우리는 기술에게 인간의 언어를 가르치니까요. **자연어 기반 협업의 진짜 매력은 ‘누구나 만들 수 있다’는 데 있습니다.** 전문적인 코딩 지식이 없어도 스스로 생각한 아이디어를 말로 표현할 수 있다면 그것으로 충분합니다. AI는 그것을 코드로 번역해 현실로 옮깁니다. 우리는 이제 ‘코드를 아는 사람’이 아니라 ‘의도를 말할 줄 아는 사람’이 되어야 합니다. 언어의 감각이 곧 창조의 능력이 되는 시대, 바이브 코딩은 그 문을 여는 가장 인간적인 기술입니다.

✦ 프롬프트가 곧 설계도

　　프롬프트(Prompt)는 명령이 아닙니다. 대화의 시작 문장이자 설계의 첫 번째 선입니다. AI는 그 문장을 읽고 인간의 의도를 해석해 구조를 세웁니다. 즉, 프롬프트는 기술 언어가 아니라 감각 언어의 도면입니다. 좋은 프롬프트란 명확한 지시가 아닙니다. ‘무엇을 만들고 싶은가’와 ‘왜 그렇게 만들고 싶은가’가 함께 담긴 문장입니다. 우리가 “할 일 목록을 만들고 싶다”고 말할 때 AI는 단순히 ‘리스트’를 만들지 않습니다. 그 **문장에 숨어 있는 리듬과 분위기를 읽습니다.** *“완료하면 위로 솟아오르*

게 해줘."라는 한마디에는 '성취감'과 '해방감'이라는 감정이 들어 있죠. AI는 그 감정을 코드의 움직임으로 바꿉니다.

결국 프롬프트는 감정을 설계 언어로 번역하는 과정입니다. 바이브 코딩의 세계에서는 한 줄의 문장이 곧 한 장의 설계도입니다. "색을 조금 더 밝게"는 조명 조절이고 "버튼이 천천히 나타났으면 좋겠어."는 타이밍 설계이며 "기분이 좋아지는 효과음으로 해 줘."는 감정의 인터페이스를 만드는 일입니다. 이 모든 문장은 논리보다는 감각으로 시작하지만, AI가 그것을 구조화함으로써 기술이 됩니다. 감각이 코드를 만나면 언어는 도구가 아니라 악기가 됩니다.

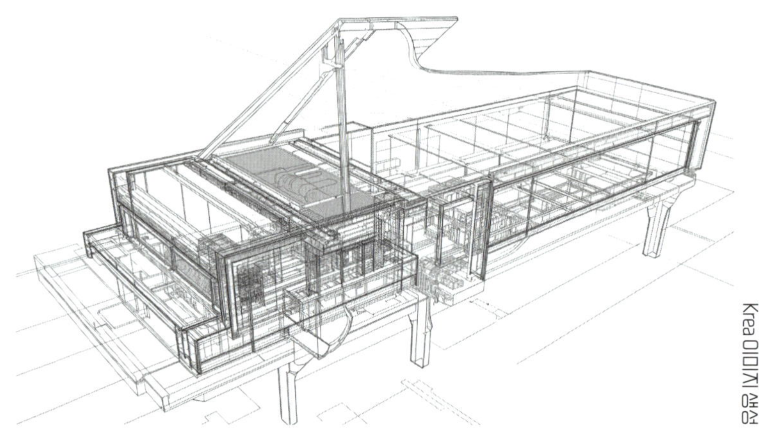

✦ 좋은 프롬프트

좋은 프롬프트를 쓰는 일은 AI에게 명령하는 것이 아니라 AI와 협연하는 일입니다. 피아니스트가 건반을 누르듯, 우리는 문장을 만들어 내죠. AI는 그 문장의 리듬을 받아 코드를 연주합니다. "빠르게, 천천히, 부드럽게, 강하게." 이 모든 표현은 사실상 개발의 속도와 감정의 세기를 조정하는 조율어입니다. 그래서 프롬프트는 기술보다 음악에 가깝습니다. 감각과 논리가 한 문장 안에서 박자를 맞추는 행위죠. 하지만 명심해야 할 것이 있습니다. 좋은 프롬프트는 길이가 아니라 맥락에서 나옵니다. 많은 단어를 쏟아내는 대신 하나의 문장 안에 목적, 기능, 그리고 감정을 함께 넣어야 합니다. 예를 들어 *"심플한 공부 타이머를 만들어줘."*라는 말보다 *"집중할 땐 조용하고, 끝나면 스스로를 칭찬해 주는 타이머를 만들어줘."* 이 문장이 훨씬 더 강력한 설계도입니다. 의도와 감정이 동시에 전달되기 때문이죠.

이 과정을 통해 프롬프트는 '도구를 다루는 언어'가 아니라 '기술과 감정을 연결하는 언어'가 됩니다. AI는 그 언어를 이해하고, 우리는 그 언어를 통해 스스로의 생각을 시각화합니다. 프롬프트를 다루는 일은 결국 '말의 힘'을 다루는 일입니다. 말은 생각의 뼈대를 세우고 감정의 결을 남기며 기술의 형태를 빚습니다. 바이브 코딩은 이 과정을 반복하며 우리가 쓰는 문장을 단순한 요청이 아닌 사고의 악보로 바꿔 줍니다. AI는 그 악보를 읽고 연주하고, 우리는 그 연주를 들으며 다시 문장을 다듬습니다. 이 문장과 코드의 왕복운동이 바로 미래형 협업의 리듬입니다. 이제 우리는 더 이상 '코드를 배우는 사람'이 아닙니다. 문장을 설계하는 사람, 의도를 조율하는 사람, 그리고 기술과 감정을 연결하는 사람이 됩니다. 프롬프트는 그 시작점이며 우리가 새 시대의 언어를 배우는 첫 수업입니다.

✦ 직관과 의도 중심

바이브 코딩의 핵심은 '무엇을 만들 것인가'보다 '어떤 의도로 만들 것인가'를 명확히 하는 데 있습니다. AI는 단순한 명령보다는 사용자의 의도와 맥락을 더 정확하게 이해할 때 좋은 결과를 냅니다. 그래서 우리는 먼저 '직관'으로 방향을 잡고, 그 다음 '의도'로 구조를 세워야 합니다.

직관은 논리보다 빠릅니다. 예를 들어 화면을 보고 "이건 너무 복잡해 보여"라고 느끼는 순간, 이미 디자인의 문제를 감지한 겁니다. 이런 직관적 판단은 AI와 협업할 때도 큰 도움이 됩니다. *"보기 답답해."* 대신 *"요소 간 간격을 좀 더 넓혀줘.", "색이 무거워."* 대신 *"밝기 10% 올려줘."* 이처럼 감각을 구체적인 명령으로 바꾸는 능력이 직관 활용의 핵심입니다.

✦ 의도는 결과를 결정하는 설계 언어

AI는 *"무엇을 해줘."* 보다 *"어떤 방식으로 어떤 형태로 해 줘."* 에 반응합니다. *"할 일 목록 만들어줘."* 보다 *"내가 하루 일정을 쉽게 정리하고 싶어"* 가 훨씬 더 좋은 결과를 만듭니다. 의도를 포함한 프롬프트는 AI에게 목표를 명확히 전달하기 때문이죠.

좋은 프롬프트 구조를 보여드리겠습니다.

① **목적**: 왜 필요한가
② **조건**: 어떻게 보여야 하는가
③ **결과**: 최종 형태는 어떤가

예를 들어보겠습니다. *"할 일을 빠르게 추가하고, 완료하면 애니메이션으로 보상감을 주는 간단한 리스트 앱을 만들어줘. 모바일 화면 기준이고, 글씨는 크고 명확하게 보여줘."* 이 문장에는 의도(빠르게 추가, 보상감), 구조(모바일 화면), 감각(크고 명확하게)이 모두 들어 있습니다. 이 정도면 AI가 바로 프로토타입 코드를 생성할 수 있습니다. 한 문장 안에 감각과 목적을 담는 것 또한 굉장히 효과적입니다. *"색을 예쁘게 해 줘."*보다는 *"밝은 파스텔 계열로 편안한 분위기를 주고 싶어."* 이 문장 안에는 '감정적 톤(편안함)'과 '의도(사용자가 부담 없이 보기)'가 동시에 들어 있죠.

예를 적용해 볼까요?

① 직관적으로 떠오른 느낌을 먼저 적는다.
② 그 느낌이 왜 필요한지 문장으로 쓴다.
③ 두 문장을 합쳐 AI에게 전달한다.

이 과정을 반복하면, 자연스럽게 감정과 구조가 연결된 문장을 만들 수 있습니다.

✦ 수정 피드백은 짧고 구체적으로

AI의 초안은 첫 시도일 뿐입니다. 그다음 이어지는 대화형 피드백이 핵심입니다. 예를 들어 결과물이 마음에 안 들면 이렇게 수정하세요.

❌ *"이상해."*
✅ *"글씨 크기를 2배로, 버튼 여백을 넓혀줘."*

짧고 구체적인 지시가 AI의 이해도를 높이고, 수정 속도도 빨라집니다. 즉시 적용해 보겠습니다.

'느낌' → '수치'로 바꾸기
예 "좀 더" → "+20px", "조금 느리게" → "0.5초 딜레이"
'감정' → '행동'으로 바꾸기
예 "시원하게" → "여백 확대 + 파랑 톤"

✦ 직관과 의도의 협업 루틴

단계	목표	예시
1. 감각 포착	느껴지는 문제 정의	"답답하다 → 간격 부족"
2. 의도 설정	목적 명확화	"집중이 잘 되게"
3. 프롬프트 작성	감각 + 의도 결합	"집중되는 화면을 위해 여백과 색을 조정해 줘."
4. 피드백 반복	구체적 조율	"글씨는 유지하고 버튼만 둥글게."

직관은 AI와의 협업에서 방향을 잡고, 의도는 결과를 완성합니다. 두 가지를 동시에 의식하면 AI는 당신의 '감각 언어'를 이해하는 동료가 됩니다.

✦ 명령어가 아니라 '의도'를 말해라

첫 번째 실전 연습입니다. AI에게 *"코드를 짜라"*고 말하는 대신, *"경험을 만들어 줘."*라고 요청해 보세요. 이 차이가 결과의 완성도를 결정합니다.

예를 들어 다음과 같이 말하는 건 명령형 프롬프트입니다.

"버튼 생성, 이벤트 리스너 추가, setInterval 사용"

이 문장은 기능만 정의합니다. AI는 버튼을 만들고, 코드를 연결하고, 타이머를 동작시킬 겁니다. 하지만 이걸 본 사용자는 그저 "작동하는 프로그램"이라고만 느낍니다.

이제 의도형 프롬프트로 바꿔볼까요?

"버튼을 누르면 시간이 '흘러가는 느낌'이 나게 해줘. 일시정지는 갑자기 멈추는 게 아니라, 부드럽게 숨 고르듯 멈추게."

같은 기능을 말하지만, 결과물의 질감이 완전히 달라집니다. AI는 이 문장 속의 단어 "흘러가는", "부드럽게", "숨 고르듯"을 해석해 애니메이션 속도, easing curve, opacity 변화까지 반영한 코드를 생성합니다. **이것이 바로 의도형 사고의 힘입니다. 명령형이 '기능 중심'**이라면, **의도형은 '경험 중심'**입니다. 의도형 프롬프트는 단순히 코드를 지시하지 않고 UI(시각), Motion(움직임), Copy(문구)를 하나의 경험으로 엮습니다.

✦ 바이브까지 프롬프트에 넣어라

AI는 논리뿐 아니라 분위기도 이해합니다. 그래서 감정의 리듬을 프롬프트에 담으면 결과물이 달라집니다. 여기서 두 번째 실전 연습입니다. 예를 들어 단순히 *"할 일 목록을 만들어줘."*라고 하면 기능만 나열한 기본 리스트가 나오겠죠. 하지만 이렇게 말하면 이야기가 달라집니다. *"차분한 파스텔 톤, 둥근 모서리, '오늘도 잘했어!' 같은 칭찬 문구가 자동으로 뜨는 할 일 앱"*이 한 문장 안에는 세 가지 정보가 함께 들어 있습니다.

① **색감(시각적 바이브)**: 차분한 파스텔 톤

② **형태(디자인 감성)**: 둥근 모서리

③ **감정(언어 톤)**: 칭찬 문구

AI는 이 문장을 읽고 CSS 색상 팔레트, border-radius 값, 텍스트 콘텐츠까지 모두 조정합니다. 결과물은 단순한 코드가 아니라 "위로를 주는 앱"이 됩니다.

다음 실전 연습 예시를 볼까요.

"게임처럼 레벨업 애니메이션과 점수 시스템을 추가해 줘."

이 문장에는 '도전과 보상'이라는 감정 구조가 담겨 있습니다. AI는 이를 해석해 progress bar, 점수 카운터, 레벨업 모션 같은 요소를 자동 구성합니다. 사용자는 자연스럽게 "성장하는 느낌"을 받게 되죠.

마지막 실전 연습입니다. 이렇게 입력하겠습니다.

"학생이 하루를 마무리하며 사용할 앱이에요. 밝은 파스텔 톤으로 '오늘도 수고했어!'라는 문구가 자연스럽게 뜨면 좋겠어요."

이 한 문장만으로 AI는 UI 색, 문구, 모션, UX(User Experience의 약자. 사용자가 제품이나 서비스를 이용하면서 느끼는 모든 경험을 의미, 이하 UX) 흐름을 동시에 설계합니다. 바이브(Vibe)란 디자인의 감정적 언어입니다. 바이브를 프롬프트 안에 포함하면, AI는 그 분위기를 스타일·카피·애니메이션으로 번역합니다.

✦ 의도형 프롬프트 작성 루틴

상황 정의	"누가 언제 사용할까?"
느낌 설정	"어떤 분위기를 주고 싶을까?"
행동 설계	"어떻게 반응하면 좋을까?"
프롬프트 완성	위 세 문장을 한 줄로 연결

✦ 의도형 사고의 핵심 3단계

단계	질문	목표
1. 느낌 포착	어떤 감정이나 분위기를 전달할까?	감각 언어로 의도 찾기
2. 구조화	어떤 기능으로 느낌을 구현할까?	감정 → 기능 변환
3. 완성 피드백	결과물이 그 의도를 담고 있는가?	디자인·모션·카피 일관성 확인

AI에게 명령하는 시대는 끝났습니다. 이제는 감정과 리듬으로 대화하는 시대입니다. 의도를 말하고, 바이브를 전달하면 AI는 당신의 감각을 코드로 번역합니다. 결국 가장 인간적인 코드란, 감정을 이해하는 코드이기 때문입니다.

2 장

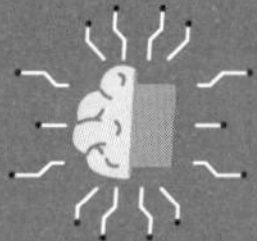

바이브 코딩 실습

바이브 코딩으로 앱 만들기 – 도구 3개면 충분하다

AI가 코드를 대신 써주는 시대입니다. 하지만 코드를 "읽는" 힘은 여전히 인간에게 있습니다. 지금부터는 누구나 할 수 있는, 가장 간단한 바이브 코딩 실습을 소개합니다. 필요한 건 단 세 가지 도구뿐입니다.

- ChatGPT (또는 Claude, Gemini, 이하 ChatGPT)
- Google Apps Script
- Canva AI (또는 Lovable, 이하 Canva AI)

1. ChatGPT를 열고 이렇게 입력하세요.

프롬프트 지시어

"학생 출석을 자동으로 정리하는 웹앱을 만들고 싶어.
Google 시트와 연결되는 간단한 코드를 만들어 줘."

이후 몇 초 안에 코드가 생성됩니다. 복잡한 문법을 몰라도 괜찮습니다. ChatGPT는 자연어를 코드로 번역하는 AI입니다. 한 줄의 대화가 곧 프로그램의 첫 줄이 됩니다.

2. ChatGPT가 만들어 준 코드를 실행하려면 Google Apps Script를 사용하세요.

① Google 계정으로 로그인하고 script.google.com에 접속합니다.
② '새 프로젝트'를 클릭합니다.

③ ChatGPT가 준 코드를 그대로 복사해 붙여 넣습니다.

④ "Run ▶" 버튼을 누르면 코드가 바로 실행됩니다.

⑤ 스프레드시트를 연결하면 입력한 데이터가 실시간으로 기록됩니다.

Apps Script는 Google 시트 안에서 작동하는 미니 개발 환경입니다. 코드와 데이터가 한 화면에 있으니 프로그래밍 초보자에게 완벽합니다. 한마디로 "AI가 만든 코드가 바로 살아 움직이는 공간"이죠.

3. Canva AI는 디자인형 코딩 툴입니다. 코드가 잘 작동하면 이제는 결과를 '보이게' 만들어야 합니다. Canva AI나 Lovable은 바로 그 역할을 합니다.

① 화면 구성을 드래그로 만들고 버튼에 "데이터 보기" 같은 명령을 연결합니다.

② 예를 들어 출석 데이터를 그래프로 보여주고 싶다면 Canva의 "AI 차트 생성" 기능을 이용하세요.

직접 서버를 구축할 필요 없이 클릭 몇 번으로 앱이 배포됩니다.

예시: "감정 일기 앱 만들기"

다시 한번 정확히 반복해 보겠습니다.

1. 프롬프트 지시어

"하루 감정을 색으로 기록하는 앱을 만들고 싶어요.
감정(기쁨, 피로, 불안)을 색상으로 저장하게 해줘요."

2. ChatGPT의 코드 생성

ChatGPT는 자동으로 HTML + Apps Script 코드를 만들어 줍니다. 클릭만 하면 바로 구글 시트에 색상별 데이터가 저장됩니다.

3. Google Apps Script 실행

만든 코드를 Google Apps Script에 붙여 넣고 실행합니다. 시트에서 감정별 데이터가 저장되는 걸 확인하세요.

4. Canva AI로 시각화

감정별 비율을 원형 그래프로 표현하거나 날짜별 감정 변화 그래프를 자동 생성해 보세요.

단 몇 분 만에 완성됩니다.

✦ 바이브 코딩 3단계

단계	도구	역할	예시
1	ChatGPT	언어 → 코드 변환	*"출석 앱 만들어 줘."*
2	Apps Script	코드 실행 및 데이터 연결	Google 시트와 연동
3	Canva	앱 시각화 및 배포	감정 일기, 설문, 그래프

바이브 코딩은 누구나 만든다

이렇게 바이브 코딩의 가장 큰 매력은 "누구나 만들 수 있다"라는 점입니다. 이건 단순히 코딩을 쉽게 하는 기술이 아니라 개발의 문턱을 없애는 사고방식입니다. 이제 더 이상 코드를 모른다고 해서 아이디어를 포기할 필요가 없습니다. 말로 설명하면 AI가 코드로 바꿔 주고, 수정도 대화로 하면 됩니다. 그야말로 "생각을 바로 실행할 수 있는" 시대가 열린 것이죠.

✦ 아이디어가 시작점이다

바이브 코딩은 "배운 사람만"의 영역이 아닙니다. 코딩 경험이 전혀 없는 사람이라도 '하고 싶은 일'만 명확히 말할 수 있다면 충분합니다. 예를 들어 이렇게 말하면 됩니다.

"학생이 하루 공부한 시간을 입력하면 그래프로 보여주는 앱을 만들고 싶어요."

AI는 그 의도를 읽고, HTML/CSS/JS 코드로 기본 구조를 만들어 줍니다. 그다음 *"그래프 색을 파란색으로 바꿔줘.", "폰트를 좀 더 크게 해줘."* 이런 식으로 대화하면서 앱이 점점 완성됩니다. 즉, 시작은 단순해야 합니다. "무엇을 만들까?"보다 "어떤 상황에서 쓰고 싶은가?"를 먼저 떠올리세요. 그게 곧 설계의 시작이자, 바이브 코딩의 출발점입니다.

✦ 프로토타입은 빨리, 자주

바이브 코딩의 기본 리듬은 "빨리 만들고, 바로 써보고, 자주 고친다"입니다. 예전에는 완벽한 설계 후 개발에 들어갔지만, 이제는 완벽함보다 속도와 피드백이 더 중요합니다. AI는 실행가능한 코드를 몇 초 만에 제공합니다. 그 덕분에 "생각을 바로 실험"할 수 있죠. 예를 들어 앱을 만들 때도 이렇게 반복합니다.

① 아이디어 말하기 → ② AI가 초안 생성 → ③ 직접 눌러보고 수정 요청

이 과정을 몇 번만 반복하면, 처음엔 머릿속에만 있던 아이디어가 어느새 **작동하는 결과물**로 변해 있습니다. 이것이 바로 바이브 코딩식 프로토타이핑입니다. 실행 속도가 빠르기 때문에 실패가 두렵지 않습니다. 완벽한 앱보다 '작동하는 앱'이 먼저 나오는 게 목표입니다.

✦ 반복 업무는 자동으로

AI는 사람이 지루해하는 일을 대신하는 데 강합니다. 예를 들어, 아래의 반복 업무를 자동화할 수 있습니다.

업무	AI 자동화 예시
데이터 정리	"엑셀 파일을 읽고 이름 순으로 정렬해 줘."
보고서 양식 만들기	"매주 성과 보고서 자동 생성 버튼 추가해 줘."
간단한 스몰봇	"매일 아침 메시지를 전송하는 봇 만들어 줘."

이런 작업은 몇 줄의 코드로 충분합니다. 프롬프트 한 줄이면 자동화가 완성되죠. AI가 반복을 맡고, 인간은 창의에 집중하는 구조입니다. 이 방식은 학생, 교사, 디자이너, 기획자 누구에게나 적용됩니다. 예를 들어 학생은 "공부 루틴 체크 앱"을, 교사는 "숙제 자동 채점 도구"를, 디자이너는 "피드백 수집 폼"을 만들 수 있습니다. 전문 개발자보다 빠르고, 직관적으로 완성할 수 있다는 게 핵심입니다.

✨ 바이브 코딩의 생산성 공식

바이브 코딩의 생산성은 "속도 × 감각 × 반복성"으로 계산됩니다.

① **속도:** AI가 즉시 코드를 생성하니, 시작까지의 시간이 '0초'입니다.
② **감각:** 사용자의 의도와 분위기를 그대로 반영하니 수정 횟수가 줄어듭니다.
③ **반복성:** 계속 수정하고 테스트하면서 품질이 자연스럽게 올라갑니다.

이 세 가지가 만나면 '노력의 밀도'가 완전히 달라집니다. 예전엔 하루 종일 걸리던 실험이 지금은 30분 안에 끝나고, 결과를 바로 확인할 수 있습니다.

✨ 바이브 코딩은 완벽보다 '리듬'을 중시한다

AI가 아무리 코드를 잘 짜도, 처음부터 완벽한 결과는 없습니다. 하지만 바이브 코딩의 강점은 바로 "고칠 수 있다"는 점입니다. 원하는 부분을 즉시 수정하고, 결과물이 마음에 들지 않으면 다시 말하면 됩니다. 결국 완벽한 앱은 "처음부터 잘 만든 결과"가 아니라 "계속 대화하며 만들어진 결과"입니다. 이것이 바로 바이브 코딩의 생산성 철학입니다. 완벽함은 결과가 아니라 리듬입니다. **자주 만들고, 자주 고치며, 감각을 업데이트하는 것이 진짜 효율**입니다.

✦ 바이브 코딩의 실전 리듬

단계	설명	포인트
1. 아이디어 설정	"무엇을 만들고 싶은가?"	아이디어는 구체적일수록 좋다
2. AI 초안 생성	자연어로 의도 설명	기술보다 감정·상황 중심으로 말하기
3. 테스트 & 수정	직접 눌러보며 즉시 피드백	실패를 빠르게 반복하기
4. 자동화 적용	반복 업무를 코드화	'지루함'을 AI에게 맡기기
5. 완성 & 공유	빠르게 써보고 피드백 받기	완벽보다 지속성이 중요

🔍 김프로 Tip

"완벽하게 만들기"보다 "일단 만들어보고 고치기"가 바이브 코딩의 핵심 리듬입니다. 기억하세요!

감정은 설계 파라미터

예전에는 감정을 "감성적인 요소"로 취급했지만 이제는 UX 설계의 핵심 데이터로 다뤄야 합니다. AI는 자연어로 설명된 감정 데이터를 분석하고 그에 맞게 색상·속도·텍스트 톤까지 조정할 수 있으니까요. 예를 들어 다음과 같이 입력해 본다고 가정하겠습니다.

"앱 전체 톤은 친근하고 든든한 선배 같은 말투로", "로딩 화면은 기다림이 심심하지 않게, 팁과 애니메이션을 넣어줘.", "사용자가 느끼길 바라는 감정은 성취감·안심·재미야"

이 문장들로 AI는 다음과 같은 변화를 설계합니다.

항목	변화 예시
텍스트 톤	딱딱한 설명 → 대화체 문장 **예** *"좋아요, 거의 다 왔어요!"*
색상 팔레트	회색 위주 → 파스텔 블루 + 살구색 조합(안정감 + 친근함)
모션 효과	즉시 전환 → 부드러운 페이드(안심감)
로딩 연출	단순 회전 → 진행도 + 짧은 팁 **예** *"잠시만요, 지금 준비 중이에요!"*

결과적으로 감정이 '기분'이 아닌 설계의 기준값(parameter)으로 작동합니다.

✦ "감정을 코드화"하는 실전 방법

AI에게 감정을 요청할 때는 추상적 단어보다 감정의 목적을 구체적으로 말해야 합니다.

다음은 실전 프롬프트 예시입니다.

"사용자가 '불안'하지 않도록 디자인해 줘."

→ 버튼 색을 명확히, 로딩 속도 단축, 진행률 표시 추가

"사용자가 '성취감'을 느끼게 해줘."

→ 완료 시 애니메이션·칭찬 문구·점수 시스템

"사용자가 '편안함'을 느끼게 해줘."

→ 글씨 간격 넓게, 따뜻한 색감, 반응 속도 일정

완벽보다 리듬

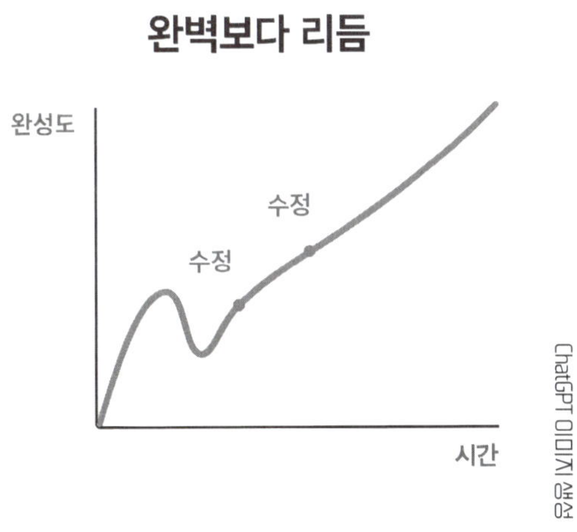

이처럼 감정은 코드의 '기능'이 아니라 인터페이스의 의도를 구성하는 변수로 전환됩니다. 바이브 코딩의 관점에서 보면 "기분 좋게 만들기"도 하나의 코드 설계 언어인 셈이죠.

✦ 감정 데이터는 사용자 경험의 지도

AI는 텍스트, 클릭 기록, 체류 시간, 반응 속도 같은 수많은 로그에서 사용자의 감정 패턴을 유추할 수 있습니다. 단순히 행동 분석이 아니라 감정적 데이터 모델링입니다. 예를 들어 다음과 같은 감정 지도를 만들 수 있습니다.

사용자 상황	감정 상태	설계 대응
회원가입 중 오류	좌절, 불안	명확한 가이드 + *"괜찮아요, 다시 해볼까요?"* 문구
긴 대기 시간	지루함	애니메이션 + *"진행 중이에요!"* 표시
목표 달성 순간	성취, 기쁨	축하 효과음 + 칭찬 문구 출력

이렇게 감정을 데이터로 설계에 반영하면 사용자는 기술이 아니라 자신의 감정과 대화하는 경험을 하게 됩니다. 즉, UX는 단순한 인터페이스가 아니라 감정 흐름을 시각화한 시나리오가 되는 거죠.

✦ 감정을 입력값으로 쓰는 바이브 코딩의 장점

첫 번째, 정량화되지 않는 데이터를 활용합니다. 기존 개발은 수치 데이터(속도, 오류율 등)만 다뤘지만 이제 감정 데이터를 통해 사용자의 체감 품질을 개선할 수 있습니다.

두 번째, AI의 맥락 해석력을 높입니다. AI는 단순 명령보다 감정 언어를 더 풍부하게 이해합니다. *"짜증나지 않게 만들어줘."*라는 말은 "응답 속도 단축 + 피드백 메시지 추가"로 해석됩니다.

세 번째, 결과물의 톤을 일관되게 유지합니다. 감정 기반 설계는 서비스 전반의 말투, 색감, 인터랙션을 통일시킵니다. 사용자는 일관된 '감정 리듬'을 느끼며 신뢰를 형성합니다.

예시: '대기 중 지루함'을 감정 데이터로 바꾸기

1. 문제

"사용자가 로딩 중에 답답함을 느낀다."

2. 프롬프트 지시어

"로딩 시간이 길어도 사용자가 지루하지 않게, 팁, 진행도, 작은 성취 애니메이션을 넣어줘."

3. ChatGPT

- 로딩 아이콘을 단조로운 회전 → 진행도 + 미니 도전 문구로 변경
- 30초마다 "김프로 Tip: 오늘의 단축키 배우기" 메시지 표시
- 완료 시 작은 폭죽 애니메이션

4. 결과

사용자의 감정 리듬이 '답답함 → 집중 → 만족감'으로 바뀝니다. 이건 단순한 UX 개선이 아니라 감정 데이터를 이용한 리듬 조율이기 때문이죠.

✨ 감정을 설계 데이터로 바꾸는 3단계

단계	설명	예시
1. 감정인식	사용자가 어떤 감정 느끼는지 관찰	"지루함", "불안", "기대감"

| 2. 감정전환 목표 설정 | 어떤 감정으로 바꾸고 싶은지 정의 | "지루함 → 몰입감" |
| 3. 설계파라미터 지정 | 색·속도·카피·모션 등 구체 조정 | "밝은 톤 + 부드러운 전환 + 칭찬 문구" |

이 3단계를 반복하면 감정이 감각적인 요소를 넘어 사용자 경험을 설계하는 데이터 구조로 바뀝니다.

김프로 Tip

감정은 UX 설계의 핵심 데이터입니다. AI는 감정을 분석해 색상·속도·텍스트를 조정할 수 있죠. "감정 → 목표 → 설계" 순으로 사고하면 더 자연스럽고 인간적인 인터페이스가 만들어집니다,

생각을 '보이게' 만들기 — 개발 다이어그램

AI와 협업할 때, 말이 길어지면 곤란한 경우가 생깁니다. "*이런 느낌으로, 그다음에 저렇게, 그리고 마지막엔…*" 이런 식으로 설명하면 AI는 당신의 의도를 텍스트 안의 논리로만 해석하기 때문에 흐름의 맥락(Flow)을 정확히 파악하기 어렵습니다. 그래서 필요한 것이 바로 '개발 다이어그램(Development Flow Diagram)'이죠. 다이어그램은 대화의 언어를 구조화한 코드 언어를 뜻합니다. **말보다 그림으로 구조화된 사고가 AI에게 훨씬 명확한 지시가 됩니다.**

왜 '보이는 사고'가 필요한가

AI에게 기능을 설명할 때는 논리보다 순서(Flow)가 중요합니다. 인간은 문맥을 추론하지만, AI는 입력된 순서대로 실행합니다. 예를 들어 이런 문장을 생각해 봅시다. "*사용자가 단어를 입력하고, 저장되면 확인 메시지를 띄운 다음 퀴즈로 넘어가요.*" 이 설명만으로는 AI가 여러 가지 방식으로 코드를 짤 수 있습니다. 저장과 피드백이 동시에 뜰 수도 있고, 퀴즈가 먼저 시작될 수도 있습니다. 하지만 같은 내용을 다이어그램으로 표현하면 오해의 여지가 사라집니다.

시각화의 핵심 포인트

AI가 이해하기 쉬운 다이어그램에는 세 가지 규칙이 있습니다.

규칙	설명	예시
1. 한 박자 한 기능	한 박스에는 하나의 기능만	[저장], [피드백], [리뷰]
2. 순서는 화살표로	순차 흐름(↓), 분기 흐름(→)을 구분	↓ = 다음 단계 / → = 조건 분기
3. 예외 처리도 시각화	성공/실패, 조건별 결과를 명시	—(저장 실패) → [에러 메시지]

이 세 가지만 지켜도 AI는 논리 구조를 거의 완벽히 재현합니다.

✦ AI가 잘 이해하는 표현법

다음은 실제 프롬프트 예시입니다.

1. 프롬프트 지시어

"이 구조대로 코드 초안을 만들어 줘."

2. ChatGPT

↓ 입력 확인

[저장 시스템] —(성공 시) → [피드백 메시지: '저장 완료!']

↓

[퀴즈 모드] → [점수 시스템] → [리뷰 카드 생성]

AI는 위 다이어그램을 파싱(parsing)해 각 박스를 함수(function)로, 화살표를 실행 순서로 자동 변환합니다. 그다음, 버튼 디자인이나 효과음 같은 세부 사항을 "조금 더 밝게", "효과음 추가해 줘."처럼 대화로 수정하면 됩니다.

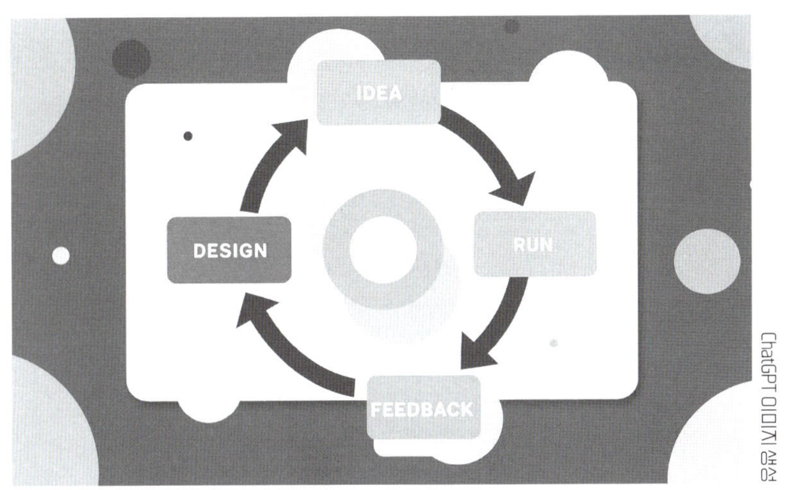

ChatGPT 이미지 생성

✦ 다이어그램을 활용한 협업 루틴

1. 아이디어 스케치

메모 앱이나 노선에 상자 + 화살표로 기능을 그립니다. "입력 → 반응 → 결과"의 세 박자만 먼저 구상합니다.

2. 프롬프트 지시어

다이어그램 아래에 한 줄씩 설명을 붙입니다.

예 [로컬 저장] → *"브라우저 localStorage에 데이터 저장"*

3. 코드 생성 후 수정 요청

"버튼 둥글게 해줘." "효과음 더 짧게." "점수 표시 위치 바꿔줘." 이렇게 감각적 피드백을 반복하면서 완성합니다.

긴 설명보다 짧은 다이어그램이 AI에게 더 명확합니다. 화살표(→, ↓)를 활용해 '순서'와 '조건'을 구분하세요. 예외 처리(성공/실패)를 포함하면 완성도가 높습니다.

바이브 코딩 프롬프트 템플릿

AI에게 "*무엇을 만들어줘.*"라고 말하는 건 생각보다 추상적입니다. AI는 당신의 '생각 구조'를 그대로 코드로 옮기기 때문에, 사고의 문법을 명확하게 정리할수록 결과물의 완성도가 높아집니다. 그래서 준비했습니다. 복사 붙여넣기(이하 복붙)해서 바로 쓸 수 있는 '바이브 코딩 프롬프트 템플릿'. 일종의 AI용 설계 언어(Thinking Grammar)입니다.

✨ 기본 구조

다음 항목을 그대로 복사해 사용하세요. 각 항목에 짧게 핵심만 채우면 됩니다.

목표

무엇을 만들지 한 줄로 요약 `예` 단어 암기 미니앱, 감정 일기장, 학습 루틴 타이머

사용자

누가 쓸지 `예` 중학생 / 부모님 / 친구 / 자기계발용 등

핵심 기능

3~5개 정도로 나열 `예` 단어 입력 / 퀴즈 모드 / 점수 저장 / 리뷰 카드 생성 / 다음 학습 추천

바이브

색, 톤, 문장 분위기, 속도감 등을 감정 단어로 적기

예 따뜻하고 밝은 톤, 둥근 버튼, 칭찬 메시지, 부드러운 애니메이션

데이터

저장 방식

예 브라우저(localStorage), 간단한 파일 저장, 구글 시트 연동 등

예외

예외 상황 또는 에러 처리

예 빈칸 입력 시 저장 안 되게 / 오프라인일 때 안내 문구 띄우기

출력물

코드 형식과 구조 요청

예 HTML + CSS + JS 코드 / 주석 자세히 / 간단한 UI 포함

테스트

▼ **완성 체크 포인트**

① 단어 입력 후 저장되는지 확인

② 퀴즈 맞히면 점수 오르는지 확인

③ 새로고침해도 데이터 남는지 체크

예시 A: "공부 루틴 만들기 미니앱"

목표

하루 및 일정 기간 동안의 공부 계획을 만들어 주는 앱

사용자

중학생, 고등학생

핵심 기능

감정 선택(색상 클릭) / 짧은 메모 저장 / 이모지 자동 추천 / 주간 감정 그래프

바이브

차분한 파스텔 톤, 둥근 버튼, 하루를 위로하는 문장("오늘도 목표량 완수했어!")

데이터

브라우저 localStorage(자동 저장, 새로고침 시 복원)

예외

감정이나 메모를 선택하지 않으면 저장 불가, 오프라인 상태 알림 표시

출력물

HTML + CSS + JS, 코드 주석 포함, 모바일 기준 1페이지 구성

테스트

① 감정 클릭 후 색이 반영되는지
② 저장 후 새로고침 시 기록이 남는지
③ 일주일 감정 그래프가 잘 나타나는지

바이브 코딩은 "아이디어 → 프롬프트 → 코드 → 수정"의 순환 구조로 동작합니다. AI에게 명령을 내리는 게 아니라, 함께 설계하며 대화하듯 만드는 것이 핵심입니다. 아래는 바로 따라 해볼 수 있는 두 가지 실전 예시입니다.

예시 B: "집중 타이머 앱"

1. 프롬프트 요약

항목	내용
목표	*"25분 집중 / 5분 휴식의 뽀모도로 타이머를 만들고 싶어요."*
바이브	*"차분한 파스텔톤, 둥근 모서리, 진행도는 원형 게이지로 표시"*
핵심 기능	시작 / 일시정지 / 리셋 버튼, 남은 시간 표시, 완료 시 소리 알림
데이터	브라우저(LocalStorage)에 오늘의 집중 세션 수 저장
테스트	*"10초짜리 테스트 모드도 만들어 주세요."*

2. 작동 원리

AI에게 위 프롬프트를 그대로 입력하면 HTML / CSS / JS 기반의 기본 타이머 코드가 생성됩니다. 이후 대화로 세부 조정을 이어갑니다.

3. 예시 프롬프트 지시어

"색을 더 연하게 해줘."

"타이머 끝나면 'Great!' 문구가 자연스럽게 떠오르게 해줘."

"모바일 화면에서도 가로폭이 잘 맞게 반응형으로 수정해 줘."

이처럼 명령을 배제한 피드백 중심의 대화형 협업이 바이브 코딩의 핵심이에요.

4. 완성 체크 포인트

① 25분 / 5분 모드가 정상 동작하는가

② 일시정지 후 재시작 시 타이머가 유지되는가

③ 오늘의 작업 횟수가 새로고침 후에도 남는가

④ 완료 시 "Great!" 문구와 함께 사운드가 출력되는가

예시 C: "단어 퀴즈"

1. 프롬프트 요약

항목	내용
목표	*"내가 입력한 단어로 4지선다 퀴즈를 만들고 싶어요."*
바이브	*"게임 느낌, 정답 시 별이 튀는 애니메이션, 오답 시 '다시 도전!' 문구"*
핵심 기능	단어 입력 / 보기 4개 자동 생성 / 정답·오답 판별 / 점수 표시
데이터	단어장은 로컬 저장, 오답 단어에는 '복습' 태그 자동 추가
테스트	*"10문제 풀면 점수·칭찬 문구·다음 추천 화면까지 보여줘."*

2. 작동 원리

AI가 이 프롬프트를 분석하면 사용자가 넣은 단어를 배열로 저장하고 무작위로 보기와 정답을 섞어 퀴즈를 생성합니다. 정답을 맞히면 애니메이션 효과와 점수가 표시되죠.

3. 예시 프롬프트 지시어

"정답 시 별이 더 많이 튀게 해줘."

"10문제 후 결과화면에서 '오늘의 단어 복습하기' 버튼 추가해줘."

"폰트를 조금 더 크게, 색감은 밝은 오렌지톤으로."

이처럼, 느낌(Vibe)을 중심으로 계속 수정 요청을 하며 완성도를 높입니다.

4. 완성 체크 포인트

① 정답·오답 구분이 즉시 표시되는가

② 오답 단어가 '복습' 태그로 분류되는가

③ 10문제 후 결과·점수·추천 메시지가 뜨는가

④ 저장된 단어장과 결과가 브라우저에 남는가

5. 정리

포인트	설명
명령보다 의도 중심	*"타이머 만들어줘."*보다 *"시간이 흐르는 느낌으로, 끝나면 위로 떠오르게"*가 더 정확한 프롬프트입니다.
짧게, 구체적으로	각 항목은 한 문장 안에서 명확히 표현하세요.
대화형 수정	코드 완성 후 *"버튼 둥글게"*, *"폰트 부드럽게"*처럼 점진적으로 피드백하세요.

⚡ 친구·동아리·수업 등에서의 협업이 더 쉬워진다

바이브 코딩의 가장 큰 장점은 '전문가가 아니어도 함께 만들 수 있다'는 것입니다. 기획자, 디자이너, 개발 담당, 심지어 처음 배우는 학생까지. AI를 사이에 두고 같은 문맥을 보며 함께 작업할 수 있습니다. 이건 단순한 역할 분담이 아니라 모두가 같은 리듬으로 생각하고 실행하는 협업 방식입니다.

1. 역할별 협업 흐름

역할	할 일	예시
기획자	"무엇을 만들지, 누가 쓸지, 어떤 분위기인지" 말로 정리	*"중학생용 공부 루틴 타이머, 밝고 귀여운 분위기, 하루 목표 3개만 표시"*
디자이너	색, 폰트, 아이콘 등 시각 레퍼런스 제시	*"둥근 버튼, 민트·베이지 톤, ⏰ 아이콘 느낌" (Pinterest·Figma 링크 공유 가능)*

개발 담당	기획자와 디자이너의 의견을 프롬프트로 묶어서 AI에 입력	*"위 내용을 기반으로 HTML/CSS/JS 코드 작성, 폰트는 Google Noto Sans로"*
모두	결과를 실제로 눌러보고 즉시 피드백	*"버튼이 너무 커요." / "글씨를 더 밝게" / "효과음을 짧게 바꿔 줘요." 등*

2. 협업 예시 시나리오: 동아리 미니 프로젝트 '우리 학교 시간표 위젯 만들기'

기획자(학생 A) *"학교 종소리 전에 자동 알림이 울리고, 교시마다 배경색이 바뀌면 좋겠어요."*

디자이너(학생 B) *"교시별 배경은 파스텔 톤, 요일은 상단 탭으로, 아이콘은 🍎📚☕로 표현해요."*

개발 담당(학생 C) *"좋아요. 이 내용을 프롬프트로 묶어서 AI에게 이렇게 보낼게요."*

목표	교시별 배경색이 변하는 시간표 위젯
사용자	고등학생
바이브	파스텔, 귀여운 아이콘, 부드러운 전환
핵심 기능	알림음, 교시별 배경색 변경, 요일 탭
출력물	HTML/CSS/JS 코드, 반응형으로

AI가 초안 코드를 내면 3명이 함께 확인하며 바로 수정합니다.

"전환 속도를 조금 더 느리게", "배경색이 너무 밝아요.", "요일 이름에 그림자 효과 넣어줘요."

→ 즉시 반영, 즉시 확인. 회의와 코딩이 동시에 이뤄집니다.

3. 협업 포인트

포인트	설명
공통 문맥을 만든다	모두 같은 프롬프트 문서를 공유하면, 설명 없이도 맥락이 통합니다.
AI가 '통역자' 역할을 한다	기획자의 말과 디자이너의 감각을 코드로 번역해 주는 중간자 역할을 합니다.
수정 속도가 빠르다	코드를 기다리지 않아도 실시간으로 바뀌는 걸 확인 가능합니다.
전문 지식보다 대화력이 중요하다	"이건 이런 느낌이었으면 좋겠어요." 한 문장으로 충분합니다.

4. 교실·동아리·팀플 활용 팁

- **같은 문서 공유:** 노션, 구글 Docs, 혹은 메모 앱에 [바이브 코딩 템플릿]을 붙여놓고 같이 채우세요.
- **시각 공유:** Canva 링크를 함께 추가하면 AI가 더 정확하게 이해합니다.
- **반복 수정:** 결과를 확인하고, *"이건 좋아 / 이건 다르게"* 식으로 짧게 피드백하세요.
- **교사·리더용 팁:** 팀별 프롬프트를 비교해 보면 사고력 차이와 기획력의 특징을 한눈에 볼 수 있습니다.

✦ 버그와 한계? 이렇게 다룬다

AI와 함께 개발하다 보면 완벽한 코드가 한 번에 나오진 않습니다. 버그는 자연스러운 과정이고, 어떻게 다루느냐가 실력의 차이를 만듭니다. 바이브 코딩에서는 "오류를 피하려고 하기"보다 "AI에게 수정 기준을 명확히 알려주기"가 핵심이에요.

✦ 명확하지 않은 요구 → 모호한 코드

AI는 당신의 "말"을 코드로 바꾸는 번역가입니다. 문장이 모호하면 코드도 모호해집니다.

❌ *"타이머가 자연스럽게 멈추게 해줘."*

✅ *"타이머가 멈출 때 0.5초 동안 서서히 흐려지는 애니메이션 추가해 줘."*

작은 차이지만, 코드 완성도는 완전히 달라집니다.

✅ **해결법**: 프롬프트에 이 3가지를 꼭 넣기
- **예시 한 줄**: *"버튼 색은 연한 민트"*
- **실패 시 처리**: *"시간 값이 없으면 기본값 25분으로"*
- **테스트 시나리오**: *"10초짜리 모드로 작동 테스트"*

이 세 줄만으로 오류율이 30% 이상 줄어듭니다. AI에게 "생각의 기준"을 주는 게 가장 확실한 디버깅입니다.

✦ 긴 코드 → 부분 오류

AI가 긴 코드를 한 번에 작성하면, 중간 부분이 누락되거나 꼬일 수 있습니다. 특히 HTML·CSS·JS를 한 번에 생성할 때 자주 생기는 현상이에요.

✅ **해결법**: "컴포넌트 단위로 쪼개기"

"먼저 HTML 뼈대부터 만들어줘."

"이제 버튼 관련 CSS만 추가해 줘."

"다음은 타이머 로직(JS)만 작성해 줘."

단계별로 나누면 AI가 스스로 코드를 점검하며 구조를 잡습니다. "레고 조립식 개발"처럼, 조각을 하나씩 완성해 가는 방식이에요.

> 🔍 **김프로 Tip**
>
> 코드가 길어질수록 "각 파일명과 역할"을 명시하면 오류가 줄어듭니다.
> **예** "timer.js에는 시간 계산 로직, ui.js에는 버튼 표시만."

✦ 느린 반복 → 답답함

AI가 긴 코드를 다시 쓰기 시작하면 기다리는 시간이 늘어납니다. 특히 전체 코드를 계속 고치다 보면 속도도 떨어지고, 맥락도 깨지죠.

✅ **해결법**: 수정할 부분만 정확히 지적하기

❌ *"색 좀 더 밝게 해줘요."*

✅ *"style.css의 .btn-primary 색을 #9ED4C6으로 바꿔줘요."*

❌ *"애니메이션 이상해요."*

✅ *"animateTimer() 함수의 종료 구간(줄 47~54)만 수정해 줘."*

이런 식으로 "파일명 / 함수명 / 역할"을 함께 언급하면 AI는 불필요한 재생성 없이 필요한 부분만 빠르게 고쳐줍니다.

단순히 정리해 봅시다.

문제 상황	원인	대책
모호한 코드	프롬프트 불명확	예시·실패처리·테스트 시나리오 포함
부분 오류	코드가 너무 길거나 복잡	컴포넌트 단위로 분리 생성
느린 반복	수정 지점이 불분명	파일명·함수명·줄 역할 명시

실전 훈련 ― '직접 해보는' 바이브 코딩

바이브 코딩은 '생각하는 기술'이 아니라 '직접 해보는 기술'입니다. 이론보다 손으로 부딪히는 게 훨씬 빠른 학습이에요. 오늘 딱 1시간만 투자해서, 아래 3단계를 차근히 실습해 보세요.

✦ 훈련 A: "3줄 프롬프트"

1. 목표

"단 3줄로 명확한 프롬프트 쓰기"

AI는 긴 설명보다 '핵심이 정리된 문장'에 더 잘 반응합니다. 아래 예시처럼, 1줄 목표 + 2줄 요구 + 1줄 바이브만으로도 충분해요.

2. 예시

- **한 줄 목표:** *"급식 메뉴 메모 앱 만들기"*
- **두 줄 요구:** *"날짜별로 입력 / 🍜 🍝 자동 이모지 붙이기 / 검색 기능 포함"*
- **한 줄 바이브:** *"밝고 귀엽게, 글씨는 크게"*

3. 실행법

① 이 3줄을 그대로 AI에게 입력해 코드 생성

② 실행 결과를 직접 눌러보기

③ 마음에 안 드는 2가지만 골라 수정 요청 **예** *"검색창 위치를 위로", "폰트 색을 더 부드럽게"*

✦ 훈련 B: "리듬 그래프"

1. 목표

"내 작업 리듬을 시각화하기"

바이브 코딩은 단순히 '코드를 짜는 기술'이 아니라 '생각 → 실행 → 수정'의 리듬을 조율하는 과정이에요.

2. 실행법

① 20분 동안, "생성 → 실행 → 수정" 단계를 3번 반복

② 어느 단계가 느렸는지 체크

③ 아래처럼 간단한 그래프로 기록하기

단계	1회차	2회차	3회차
생성 속도	●●●○○	●●●●○	●●●●●
실행 속도	●●○○○	●●●○○	●●●●○
수정 속도	●○○○○	●●○○○	●●●○○

(● 많을수록 빠름)

3. 마무리

가장 느렸던 단계 옆에 "다음 프롬프트 계획"을 한 줄로 적으세요.

예 "수정이 느림 → 프롬프트에 테스트 시나리오 미리 넣기"

✦ 훈련 C: "감정 파라미터"

1. 목표

"감정의 톤을 설계에 반영하기"

　　바이브 코딩의 핵심은 감정도 데이터처럼 다루는 것이에요. 사용자의 기분을 프롬프트 안에 직접 넣어보세요.

2. 실행법

① 사용자 1명을 정하세요. 예 엄마 / 친구 / 선생님

② 아래 중 하나를 톤으로 선택하세요.

　편안 🌿

　든든 💪

　재미 🎮

③ 그 톤을 프롬프트에 추가해 보세요.

예 *"엄마가 쓸 메모앱인데, 편안한 말투와 색감으로 만들어줘."*

3. 결과 비교

톤	변화 포인트
편안	색이 밝고 여백이 넓음
든든	글씨가 굵고 버튼이 명확
재미	애니메이션, 효과음이 추가됨

4. 마무리 체크

항목	확인
프롬프트를 3줄로 정리했다	☐
생성 - 실행 - 수정 리듬을 기록했다	☐
감정 톤에 따라 결과를 비교했다	☐

속도보다 패턴을 보는 것이 중요합니다. 리듬을 조정하면 생산성이 자연스 럽게 올라갑니다.

자주 쓰는 프롬프트 문장 모음

이건 꼭 기억해 두세요. 실무에서도 매일 쓰는 표현들이에요. AI에게 명확하게 요청하려면 "기능 + 감각 + 조건"을 한 문장 안에 담는 게 중요합니다. 아래 문장들은 그대로 복사해 써도 되는 바이브 코딩 실전 문장 템플릿이에요.

✦ UI / UX 설계용 문장

상황	프롬프트 예시
버튼 크기 지정	"모바일 기준으로, 엄지로 누르기 편한 크기(최소 48px)로 만들어 줘."
화면 레이아웃	"세로 중심 배치, 여백은 넉넉하게, 위쪽엔 제목, 아래엔 버튼"
색상 / 분위기	"밝고 따뜻한 파스텔 톤, 모서리는 둥글게, 그림자는 살짝만"
폰트 스타일	"글씨는 크고 부드럽게, 타이틀은 볼드, 본문은 레귤러"
반응형 디자인	"모바일 우선(Mobile First)으로, 가로 폭이 좁을 때 자동 줄바꿈"

✨ 기능 / 인터랙션 관련 문장

상황	프롬프트 예시
오류 처리	"오류가 발생하면 친절한 한글 메시지와 '다시 시도' 버튼을 보여줘"
애니메이션 효과	"부드러운 전환(0.3초 이내)으로 자연스럽게 움직이게 해줘."
데이터 저장	"브라우저 로컬스토리지에 자동 저장, 새로고침해도 남게"
테스트용 데이터	"테스트용 가짜 데이터 5개를 함께 넣어줘."
상태 표시	"진행도 게이지(%)와 함께 '지금 진행 중입니다' 메시지를 띄워줘."

✨ 코드 품질 / 관리 관련 문장

상황	프롬프트 예시
주석	"코드마다 주석을 많이 추가하고, 변경 포인트는 TODO: 로 표시해 줘."
파일 구조	"HTML / CSS / JS 파일을 각각 분리해서 생성해 줘."
이름 규칙	"변수와 함수 이름은 영문 소문자 + 카멜 표기법(camel Case)으로"
가독성	"들여쓰기 2칸, 줄 간격 일정하게 맞춰서 깔끔한 코드로 정리해 줘."
버전 관리	"파일 맨 위에 버전과 날짜 주석을 자동으로 추가해 줘."

✦ 감정 / 바이브 중심 문장

상황	프롬프트 예시
분위기 설정	*"따뜻하고 친근한 선생님 같은 말투로 문구를 써줘."*
캐릭터성	*"게임처럼 레벨업 애니메이션과 별 아이콘을 추가해 줘."*
칭찬 문구	*"작업 완료 시 '오늘도 잘했어요!' 문구를 띄워줘."*
로딩 UX	*"로딩 중엔 짧은 팁 문구나 진행률 표시를 보여줘."*
감정 파라미터	*"전체적으로 '든든함'과 '성취감'이 느껴지게 디자인해 줘."*

✦ 테스트 / 검증 관련 문장

상황	프롬프트 예시
실행 확인	*"코드 하단에 테스트용 실행 버튼을 추가해 줘."*
예외 상황	*"입력값이 비었을 때는 경고 메시지를 띄우고 넘어가지 않게"*
디버깅	*"에러가 발생하면 콘솔에 메시지를 출력하고, 원인을 설명해 줘."*
반복 실험	*"기능별로 분리해서 단계별 테스트 코드를 만들어줘."*
성능 테스트	*"1초 안에 반응하도록 지연 시간(Delay)을 체크해 줘."*

바이브 코딩은 결국 "기술을 더 인간답게 사용하는 법"입니다. 코드를 모른다고 AI를 멀리할 필요는 없습니다. 지금 이 순간 떠오른 아이디어 하나면 충분합니다. 말로 설계하고, AI와 함께 리듬을 맞춰 보세요.

Krea 이미지 생성

처음 만나는 바이브 코딩 X MCP

2부

MCP – 맥락의 기술

1장

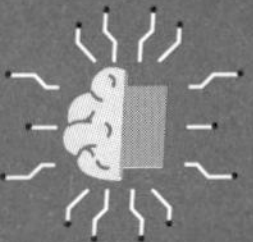

MCP의 정의

지금부터 이야기하려는 MCP은 조금 특별한 개념입니다. 한마디로 말하자면 여러 개의 AI와 시스템, 그리고 인간이 서로의 '맥락'을 공유하면서 협력할 수 있도록 돕는 통신 규약이에요. 쉽게 말하면 서로 다른 AI들이 같은 언어를 사용해 함께 사고하고, 일할 수 있게 만들어 주는 '공통의 언어'라고 할 수 있습니다.

지금까지 대부분의 AI는 한 번의 질문과 한 번의 대답으로만 작동했습니다. 우리가 *"이걸 해 줘."*라고 말하면 AI는 즉시 결과를 내고 대화는 거기서 끝나 버렸죠. 다음 대화를 할 때는 이전의 내용을 거의 기억하지 못했어요. 마치 매번 처음 만나는 사람과 이야기하는 것처럼, 맥락이 단절된 대화였습니다.

그런데 MCP는 완전히 다릅니다. 이 프로토콜은 AI가 단순히 명령을 수행하는 존재가 아니라 기억·도구·환경·사용자 상황을 함께 인식하면서 협력할 수 있는 존재로 발전하도록 돕습니다. 여러 AI가 한 사람의 두뇌처럼 움직이며 같은 흐름으로 사고할 수 있게 만들어 주는 구조예요. 예를 들어볼까요? 한 사용자가 이렇게 말합니다. *"오늘 일정으로 보고서 초안을 만들어 줘."* 이 한 줄의 문장을 들은 MCP는 그 안의 의미를 여러 역할로 나누어 처리합니다.

① 캘린더 에이전트가 오늘의 일정을 불러옵니다.
② 문서 에이전트가 일정을 바탕으로 보고서의 뼈대를 세웁니다.

③ 감정 분석 에이전트는 사용자의 최근 문체를 참고해, 글의 어조
를 부드럽게 혹은 격식 있게 조정합니다.

④ 요약 에이전트는 문장이 길거나 중복된 부분을 다듬습니다.

⑤ 마지막으로 통합 프로세서가 모든 결과를 하나의 완성된 문서로
합칩니다.

이 과정 전체가 사용자의 단 한 문장으로 시작되었죠. 중간에 여러 AI가 각자의 역할을 수행하면서도, 서로가 하고 있는 일을 이해하고 연결할 수 있었던 이유가 바로 MCP 덕분입니다. 이건 단순한 "자동화"가 아닙니다. 각 AI가 서로 "지금 어떤 상황인지", "누가 요청했는지", "무엇을 참고해야 하는지"를 공유하며 하나의 팀처럼 움직이는 협업의 구조예요.

✨ 명령이 아니라 '맥락'을 주고받는 언어

MCP의 가장 큰 특징은 명령이 아니라 맥락을 주고받는다는 점입니다. 기존의 시스템은 *"무엇을 하라"*는 명령 위주였습니다. 예를 들어, *"파일을 열어라"*, *"문장을 요약해라"*처럼 단순히 작업을 지시했죠. 하지만 MCP는 그 이상을 생각합니다. *"왜 이 작업을 해야 하는가?"*, *"어떤 상황에서 실행되는가?"*, *"누구를 위해 수행되는가?"*까지 함께 이해합니다. 명령의 '이유'와 '배경'을 함께 주고받는 거예요. 그래서 MCP는 단순히 기술적인 규약이 아니라 사고의 언어이자 이해의 구조라고 부를 수 있습니다. AI가 맥락을 이해하기 시작하면 비로소 인간처럼 **의도를 읽는** **존재**로 변화합니다.

✦ 기술적으로는 표준, 개념적으로는 사고의 지도

기술적인 관점에서 보면 MCP는 여러 AI가 서로 데이터를 주고받을 수 있도록 하는 플러그인 표준이자 인터페이스 규약입니다. 이 표준 덕분에 새로운 AI나 시스템이 기존 생태계에 쉽게 연결될 수 있습니다. 하지만 철학적으로 보면 MCP는 훨씬 더 깊은 의미를 갖습니다. 그건 바로 "인간의 사고 구조를 닮은 기술"이라는 점이죠. 우리가 '생각'할 때 머릿속에서는 기억·감정·판단·의도 같은 다양한 요소가 동시에 작동합니다. MCP는 바로 이 다층적인 사고방식을 기계가 따라 할 수 있도록 만들어 줍니다. 예를 들어 '기억'은 데이터베이스가, '판단'은 알고리즘이, '감정'은 사용자 피드백이, '의도'는 프롬프트의 메타데이터가 담당합니다. 이 모든 요소가 MCP 위에서 서로 연결되면 AI는 단순히 계산하는 기계가 아니라, 맥락을 이해하는 시스템으로 작동하게 됩니다.

✦ AI가 서로 협업하는 시대

MCP는 AI들이 함께 일할 수 있게 만드는 언어입니다. 각 모델이 제 역할을 수행하면서도 그 결과가 전체 맥락 속에서 어떤 의미를 가지는지 이해합니다. 예를 들어 디자인 AI가 포스터를 만들 때, 발표용 문서를 만드는 AI가 그 포스터의 색감과 메시지를 자동으로 참고한다면 어떨까요? 그건 단순히 '호환'이 아니라 서로 사고를 공유하는 협업입니다. MCP가 있기 때문에 이런 일이 가능합니다. 한 AI의 결과물이 다른 AI의 맥락 안에서 자연스럽게 해석되고, 결국 인간이 개입하지 않아도 하나의 완성된 결과로 이어집니다. 이건 "작동"이 아니라 "이해 기반의 협업"입니다.

⊡ 사람의 사고를 닮은 구조

인간의 사고는 언제나 여러 감각이 동시에 움직입니다. 눈으로 보고, 귀로 듣고, 감정으로 느끼고, 기억으로 판단하죠. MCP는 이런 복합적인 사고 과정을 기술적으로 구현한 시스템입니다. 예를 들어 우리가 "회의록을 정리한다"라고 생각할 때 머릿속에서는 참석자 명단, 말투, 발언의 중요도, 결과 정리 순서가 동시에 떠오릅니다. 이런 사고의 병렬 처리 과정을 MCP는 기계적 언어로 재현합니다. 각 AI가 역할을 나누지만, 같은 배경과 목적을 공유하면서 하나의 의식을 가진 것처럼 작동하죠. 그래서 MCP를 두고 "다중 사고 프로토콜(Multi-Thought Protocol)"이라고 부르기도 합니다. 즉, **AI가 협업을 통해 '생각의 흐름'을 이어가는 기술적 언어**인 셈입니다.

⊡ MCP가 여는 새로운 세상

MCP가 본격적으로 확산되면 AI는 더 이상 앱 속에 갇혀 있는 존재가 아닙니다. 서로 다른 분야의 AI들이 같은 맥락 위에서 협력하며 일하게 됩니다. 예를 들어 사용자가 *"이 주제로 발표 포스터를 만들어 줘."*라고 말하면 문서 AI는 발표 내용을 정리하고, 디자인 AI는 문체와 주제에 맞는 색과 구도를 선택하며, 프레젠테이션 AI는 자연스러운 문장 흐름으로 내용을 정리하겠죠. 이 모든 과정이 한 줄의 문장 안에서 유기적으로 이어집니다. 이는 단순한 효율의 문제가 아닙니다. 기술의 중심이 '기능(function)'에서 '맥락(context)'으로 이동하는 변화입니다.

앞으로의 AI는 얼마나 많은 기능을 수행하느냐보다, 얼마나 잘 이해하느냐가 더 중요해집니다. MCP는 이 전환을 가능하게 하는 첫 번째 언어이자 AI가 '이해의 리듬'을 배우는 출발점이라고 할 수 있습니다.

✦ MCP = Multi-Context Protocol = 맥락을 연결하는 사고의 언어

　MCP는 명령을 주고받는 대신 이유와 상황을 공유합니다. 도구를 늘리는 대신 사고를 확장합니다. 기능을 분리하는 대신 의미를 통합합니다. 이제 기술은 계산을 넘어 이해의 영역으로 들어왔습니다. AI가 서로의 맥락을 이해하고 협업하기 시작하는 순간, 기술은 단순한 도구를 넘어 '사고하는 존재'로 진화합니다.

2장

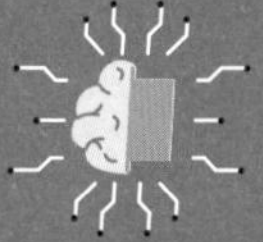

MCP 실습

'맥락이 통하는 프롬프트'

AI에게 *"메모앱 만들어줘요."* 이 한 문장으로도 코드는 만들어집니다. 하지만 결과물은 딱 '명령' 수준의 완성도에서 멈춥니다. 버튼은 만들어지지만 '누가', '언제', '왜' 쓰는지 맥락이 없기 때문이죠. 예를 들어보죠.

"학생이 매일 공부 계획을 정리하는 메모앱"
"직장인이 하루 업무를 기록하는 메모앱"

둘 다 메모앱이지만, 완전히 다른 디자인과 리듬을 가집니다. 전자는 밝고 귀엽고 성취감 중심, 후자는 간결하고 효율적이며 속도 중심이죠. 즉, 같은 코드라도 맥락(Context)이 다르면 완전히 다른 결과가 나옵니다. 그래서 등장한 개념이 앞서 반복적으로 설명했던 MCP, '맥락을 공유하며 사고하는 기술 언어'입니다.

✦ MCP 사고의 기본 구조

MCP형 사고는 다음 네 단계를 따릅니다.

[목표] → [맥락] → [조건] → [결과]

단계	설명	예시
1. **목표**	만들고 싶은 대상	*"알람 앱을 만들고 싶어요"*
2. **맥락**	누가, 언제, 왜 쓰는가	*"아침마다 늦게 일어나는 고등학생용"*
3. **조건**	상황적 제약	*"스마트폰으로, 소리보다 진동 위주"*
4. **결과**	원하는 형태	*"HTML/CSS/JS로, 귀여운 UI로 만들어줘."*

이 4단계만 명확히 해도 AI의 정확도는 평균 3배 이상 향상됩니다. 왜냐하면 AI는 "코드"보다 "이야기 구조"를 이해할 때 더 논리적으로 판단하기 때문이죠.

✨ 명령형 프롬프트 vs 맥락형 프롬프트

구분	명령형 프롬프트	MCP형 프롬프트
예시	*"알람 앱 만들어줘."*	*"늦잠이 잦은 고등학생을 위한, 아침 기상 알람 앱. 첫 화면엔 응원 문구가 떠오르게"*
특징	단발성, 지시 중심	배경 설명 포함, 목적 중심
결과	일반 알람 코드	사용자 맞춤 UX 디자인
AI 반응	단순 수행	맥락 기반 창의 제안

AI에게 단순한 명령을 내리는 대신, "이걸 누가, 왜 쓰는가?"를 알려주면 AI는 스스로 더 구체적이고 자연스러운 제안을 합니다.

✦ 훈련 A: 공부 루틴 타이머

Before(명령형)

"공부 타이머 만들어줘."

After(MCP형)

"고등학생이 사용하는 공부 루틴 타이머를 만들어줘. 25분 공부, 5분 휴식의 구조이고, 집중이 깨지지 않도록 알람 대신 색상이 천천히 바뀌게 해줘."

결과

첫 번째는 그냥 카운트다운, 두 번째는 '집중 맥락'을 인식한 디자인이 생성됩니다.

✦ 훈련 B: 피드백 메모앱

Before

"메모앱 만들어줘."

After

"학생이 하루를 돌아보며 감정과 생각을 함께 기록하는 '피드백 메모앱'을 만들어줘. 글을 입력하면 '오늘은 이런 감정이었어요?' 같은 문장이 자동으로 떠오르게 해줘."

결과

AI가 메모앱에 감정 피드백 기능을 추가합니다. 즉, '맥락'을 넣는 순간 UX가 달라집니다.

✨ 훈련 C: 회의 기록 도우미

Before

"회의록 생성기 만들어줘."

After

"3명이 동시에 메모하는 회의 도우미 앱을 만들어줘. 각자의 메모가 자동으로 합쳐지고, 회의 끝나면 요약과 할 일 목록을 자동 생성하도록."

결과

협업 환경이라는 '맥락'을 인식한 AI는 자동 요약, 역할 구분, 리스트 출력 등 상황에 맞는 기능 구조를 제안합니다.

✨ 맥락을 명시하는 3단계 문장 훈련

MCP 사고를 익히는 가장 쉬운 방법은 모든 요청을 "상황 → 대상 → 목적" 구조로 말하는 것입니다.

단계	질문	예시
1. 상황	언제 / 어디서 / 어떤 환경인가요?	*"출근 전"*
2. 대상	누가 사용하는가요?	*"직장인"*
3. 목적	왜 필요한가요?	*"오늘 일정 확인 및 기분 정리"*

이런 문장이 좋습니다. 예를 들면 "출근 전 직장인이 하루 일정과 기분을 정리할 수 있는 앱을 만들어줘." 이 한 줄이면 AI는 '시간 + 사용자 + 감정'을 모두 고려합니다. 그 결과, '아침용 간결 화면 + 오늘의 문구 + 빠른 접근 UX'가 함께 나옵니다.

✦ MCP 사고를 잘하는 프롬프트 작성 팁

① **"무엇을"보다 "왜"를 먼저 말하라.**
"알람 앱"보다 "늦잠 방지를 위해 기상 리듬을 관리하는 앱"
② **시간·장소를 포함하라.**
"점심시간에 5분 동안 쉴 수 있는 스트레칭 가이드"
③ **대상의 특성을 구체화하라.**
"10대 / 교사 / 프리랜서 / 팀장 / 부모 등"
④ **감정 상태를 함께 넣어라.**
"피곤한 상태에서도 눈에 잘 띄는 버튼"
⑤ **결과 형식까지 명시하라.**
"HTML + CSS로 간단한 시제품 형태로"

데이터는 눈에 보이지만, 맥락은 늘 그 뒤에 숨어 있습니다. 예를 들어 '검색어: 차 사고 처리 방법'이라는 데이터가 있을 때 그 뒤에는 실제 교통사고로 당황한 사용자, 긴급 대응이 필요한 상황, 스트레스를 완화하는 언어가 필요한 맥락이 숨어 있죠. AI에게 이 배경을 알려주면, "보험 접수 절차"만 보여주는 대신 "안심 메시지 + 단계별 안내"를 함께 제시합니다. 이게 바로 MCP형 사고의 힘입니다.

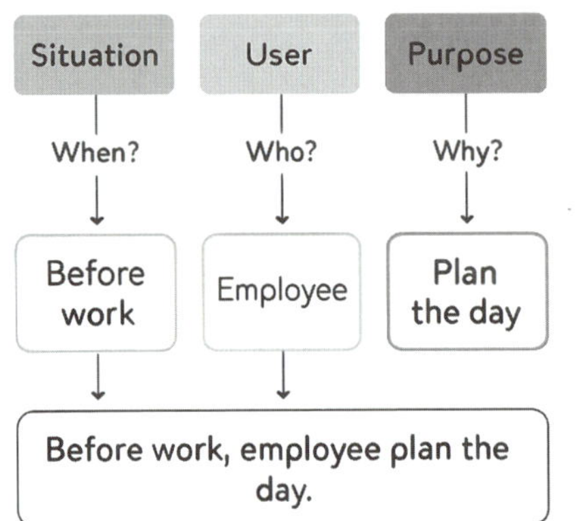

아래 표를 복사해서 직접 프롬프트를 작성해 보세요. 왼쪽에서 오른쪽으로 채워가면 완성됩니다.

상황	대상	목적	완성 프롬프트
아침 출근 전	직장인	하루 계획 세우기	"출근 전 직장인이 오늘 계획을 간단히 정리할 수 있는 앱"
방과 후	고등학생	오늘 공부 복습	"방과 후 고등학생이 공부 내용을 복습하고 감정을 정리하는 앱"
점심 이후	교사	수업 피드백 작성	"수업이 끝난 교사가 피드백을 빠르게 기록할 수 있는 앱"
주말 저녁	프리랜서	일주일 회고	"프리랜서가 주말 저녁에 한 주를 정리하고 계획을 세우는 앱"

완성된 문장은 그대로 AI 프롬프트에 넣으면 됩니다. AI는 각 맥락에 맞는 구조, 문체, 색감, 속도를 알아서 제안합니다.

✦ MCP형 사고로 사고 확장하기

MCP는 단순히 문장 구조를 바꾸는 게 아니라, 사고의 방향 자체를 넓히는 기술입니다.

예를 들어, "다이어트 앱"을 만들 때도

- *식단 관리 중심*
- *운동 관리 중심*
- *감정 관리 중심*
- *친구와 공유 중심*

으로 '맥락'을 다르게 설정하면 AI가 제시하는 코드 구조와 디자인이 완전히 달라집니다. MCP 사고는 '기획의 언어'이자 AI와의 대화에서 '사람의 사고 패턴'을 복제하는 기술입니다.

항목	설명
효율성	한 번의 프롬프트로 더 풍부한 결과 생성
일관성	프로젝트 전체 톤·목적 유지
창의성	맥락 기반 발상으로 새로운 아이디어 도출
협업성	팀원 간 "같은 문맥 공유" 가능
학습성	사고를 구조화하면서 생각하는 습관 형성

실전 훈련 — MCP형 프롬프트 코드 생성하기

✦ 훈련: '하루 루틴 생성기'

✕ 명령형 프롬프트

"하루 루틴 생성 앱 만들어줘."

☑ MCP형 프롬프트

"고등학생이 사용하는 하루 루틴 생성기. 시간표와 감정 상태를 입력하면, 집중 시간이 높은 구간에 공부 계획을 자동 배치해 줘. 결과는 HTML로 표 형태로 보여줘."

결과

- *"시간대별 루틴 자동 정렬 코드"* + *"집중도 계산 로직"* 생성
- *감정 데이터 입력 필드 자동 추가*
- *배경색이 시간대에 따라 변하는 디자인 생성*

✦ MCP 사고 훈련

① 문장 바꾸기 훈련

"타이머 만들어줘."

→ *"집중력이 떨어지는 오후 시간대에 사용할, 10분 집중 타이머 만들어줘."*

② 사용자 추가하기

"일기 앱 만들어줘."

→ "중학생이 감정을 글로 정리하며 글쓰기 연습을 할 수 있는 일기 앱"

③ 상황 넣기

"노트 앱 만들어줘."

→ "회의 중 빠르게 아이디어를 정리할 수 있는 노트 앱"

④ 감정 넣기

"피드백 앱 만들어줘."

→ "학생이 선생님의 피드백을 긍정적으로 받아들이게 하는 밝은 톤
의 피드백 앱"

✦ MCP 사고의 핵심 문법

문법 요소	설명	예시
목표	무엇을 만들 것인가	*"메모앱"*
맥락	누가 / 언제 / 왜	*"교사가 수업 후 정리"*
감정	어떤 분위기	*"따뜻하고 부드럽게"*
결과	어떤 형식으로	*"HTML/CSS로 모바일용"*

이 네 가지를 한 문장 안에 담으면, AI는 '사람이 설명하듯' 이해하기
시작합니다.

> **🔍 김프로 Tip**
>
> ① 명령보다 "무엇을"보다 "언제 · 누가 · 왜"를 포함한 맥락을 설계하세요.
> ② 감정과 환경을 함께 넣으세요. 사용자 상황이 담기면 UX의 결이 완전히
> 달라집니다.
> ③ 한 문장에 사고 구조를 함께 담아야 한다는 걸 잊지 마세요.

AI가 다루는 데이터에는 숫자, 문자, 이미지뿐 아니라 '감정'도 포함될 수 있습니다. 감정은 추상적이지만, 일정한 패턴과 맥락을 가지기 때문에 '바이브(Vibe) 데이터'로 변환할 수 있습니다. 예를 들어 '불안'은 낮은 명도와 느린 속도의 인터페이스로, '기쁨'은 밝은 색과 경쾌한 리듬의 모션으로 표현할 수 있죠. 즉, 감정은 단순한 느낌이 아니라 "UX를 설계하는 데이터 입력값(Input)"이 됩니다.

✦ "오늘 기분 어때요?"를 데이터로 바꾸는 법

1. 감정을 수치화하지 말고 분위기로 기록하기

많은 초보 디자이너나 개발자는 감정을 '점수'로 표현하려 합니다. 하지만 감정은 점수가 아니라 상태(state)입니다.

☒ *행복도 8점*

☑ *"따뜻하고, 안정된 느낌. 노란 빛의 오후 같아요. "*

AI에게는 두 번째 표현이 훨씬 풍부한 데이터입니다. 이때 AI는 "따뜻하다 → 노란색", "안정 → 느린 속도", "오후 → 밝은 톤"으로 자동 매핑합니다.

2. 감정어를 데이터로 바꾸는 표 만들기

감정어	색상 톤	문장 리듬	UI 속도	사운드
기쁨	밝은 노랑·연한 주황	빠름·경쾌	짧고 즉각적	가벼운 효과음
평온	연한 파랑·민트	느림·균일	부드러운 전환	잔잔한 피아노
불안	회색·남색	불규칙	살짝 느림	낮은 톤 경고음
집중	어두운 네이비	일정·집중	일정한 속도	비프음 없이
피로	무채색	느림	전환 없음	조용함

이 표를 '감정 - 톤 매핑표'라고 합니다. 바이브 코딩에서는 이 표를 기반으로 감정 데이터를 프롬프트로 전달합니다.

✦ 감정을 프롬프트로 전달하는 법

AI는 감정을 숫자로 이해하지 않습니다. 하지만 감정의 특징을 언어로 전달하면 디자인이나 문장 톤을 바꿉니다.

기본 구조

오늘의 기분: [감정어]

느낌을 반영해서 [디자인/문장/색/속도]를 바꿔줘.

예시 A: UI 디자인용

"오늘은 조금 불안해요. 색은 파스텔 톤으로, 전환 속도는 느리게.
버튼은 작고 둥글게 만들어줘."

→ AI는 밝지만 안정된 색감, 느린 전환, 둥근 모서리 디자인을 자동
제안합니다.

예시 B: 글쓰기용

"오늘은 들뜬 기분이에요. 문장을 조금 더 빠르고, 리듬감 있게 바꿔줘."

→ AI는 문장 길이를 줄이고, 단어 리듬을 조정하여 '기분에 맞는 문
체'를 생성합니다.

예시 C: 음성 피드백용

"지금은 지친 상태예요. 말투를 낮게, 속도를 천천히 조절해 줘."

→ 음성봇은 느린 발화와 낮은 톤으로 사용자에게 피드백을 줍니다.

✨ 감정이 바꾸는 UX의 실제 예시 3가지

예시 A: 감정 일기 미니앱

1. 목표

하루의 감정을 색으로 기록하는 일기

2. 핵심 기능

감정 선택(색상 원형 버튼)

3. 짧은 메모 기록

감정별 그래프 시각화

4. 프롬프트 지시어

"감정을 색상으로 기록하는 앱을 만들어줘. 오늘의 기분을 선택하면 자동으로 색이 변하고, 짧은 메모를 저장할 수 있게 해줘."

5. ChatGPT

일주일 단위 감정 리듬 그래프

예시 B: 피드백 감정 버튼

1. 목표

사용자의 감정 반응을 실시간으로 수집

2. 핵심 기능

- 문서·글·피드백 뒤에 '감정 버튼' 추가
- 선택 즉시 색이 변하며 감정 통계 누적

3. 프롬프트 지시어

"이 문장을 읽고 어떤 느낌이었나요? ☺☺☹"

4. ChatGPT

- 긍정 감정 → *"감사해요! 같은 톤으로 다음 문장도 이어갈게요."*
- 부정 감정 → *"불편하셨군요. 조금 더 부드럽게 수정할까요?"*

이렇게 감정 피드백 → 즉시 반영의 구조가 UX를 따뜻하게 만듭니다.

예시 C: 감정 기반 추천 피드

1. 목표

사용자 감정에 따라 맞춤 콘텐츠를 보여주기

2. 핵심 기능

- 오늘의 감정 입력
- 감정별 콘텐츠 분류
- AI 추천 문장 자동 생성

3. 프롬프트 지시어

"오늘 기분이 외로워요 → 위로되는 콘텐츠 3개 추천, 톤은 따뜻하게."

4. ChatGPT

- '오늘의 추천' 카드에 부드러운 배경색 + 짧은 위로 문장
- AI가 감정 상태에 맞춰 문체를 수정해 주는 구조

✦ 실습 시트: 감정어 사전 + 톤 매핑표

이제 직접 실습해 볼 차례입니다. 다음 표를 복사해 개인 감정 데이터 사전을 만들어보세요.

감정어	색상 코드	문장 스타일	배경음	UI 속도	추천 문장
기쁨	#FFD369	짧고 활기찬 어조	벨소리	빠름	"좋은 일이 있었네요!"
안정	#A8DADC	부드럽고 온화	잔잔한 피아노	중간	"지금처럼 편안함을 유지해요."
슬픔	#457B9D	길고 서정적	현악기	느림	"괜찮아요, 이 감정도 지나가요."

| 분노 | #E63946 | 짧고 강한 어조 | 드럼비트 | 빠름 | "깊게 숨 쉬세요. 천천히 정리해 봐요." |
| 피곤 | #CFCFCF | 느리고 단조로움 | 무음 | 느림 | "오늘은 휴식이 필요해요." |

→ 이 표를 기반으로 "오늘의 감정"을 입력하면, AI는 즉시 색·속도·문체를 반영합니다. 이것이 '감정형 UX 데이터화'의 핵심 구조입니다.

✦ 감정 데이터와 프롬프트의 조합 공식

바이브 코딩에서는 다음 공식을 사용합니다.

감정 데이터 × 디자인 요소 = 감정 UX

감정 데이터	연결되는 디자인 요소	예시
색상	톤, 대비, 배경	"기쁨 → 밝은 노랑"
속도	전환 시간, 모션	"불안 → 느린 전환"
문장	문체, 어휘, 길이	"평온 → 긴 문장, 낮은 템포"
소리	효과음, 배경음	"기쁨 → 벨소리 / 슬픔 → 현악기"

이 네 가지 감정 요소를 프롬프트에 직접 넣으면 AI는 자연스럽게 "감정 기반 UX"를 생성합니다.

✦ 감정은 구조가 아니라 리듬

많은 사람이 감정을 '분석해야 하는 데이터'로 생각하지만, 바이브 코딩에서 감정은 '리듬을 설계하는 도구'입니다. UX의 목적은 정확성이 아니라 공감의 타이밍이기 때문입니다. 감정 데이터는 수학보다 음악에 가깝습니다. 예를 들어 클릭 후 피드백이 0.2초 빠르면 "즉각적 만족감", 0.2초 느리면 "차분한 안정감"을 줍니다. 이 0.2초 차이가 바로 "감정의 리듬"입니다. AI에게 이 리듬을 명시적으로 알려주는 것이 '감정 코딩'의 핵심이에요.

✦ 감정을 데이터로 다룰 때 생기는 변화

구분	기존 UX	감정형 UX
설계 중심	기능, 효율	감정, 공감
입력 데이터	클릭, 텍스트	감정어, 분위기
디자인 방식	정적 화면	리듬 기반 전환
사용자 피드백	기능 오류 중심	감정 반응 중심
목적	사용성	경험성

> **🔍 김프로 Tip**
>
> 바이브 데이터에 대한 핵심입니다. 기억하세요.
> ① 점수 대신 분위기 · 속도 · 색으로 표현하세요.
> ② 감정어는 UX의 설계 언어가 됩니다. "따뜻하다", "빠르다" 같은 단어가 곧 디자인 지시문이 됩니다.
> ③ 감정 데이터를 프롬프트에 넣을수록 자연스러운 결과가 나옵니다.

감정 + 맥락 융합 설계

감정은 '느낌의 데이터', 맥락은 '이유의 데이터'입니다. 감정이 있는 AI는 따뜻하지만, 맥락이 없으면 혼란스럽습니다. 맥락이 있는 AI는 논리적이지만, 감정이 없으면 차갑습니다. **바이브 코딩**(Vibe Coding)**은 사람처럼 느끼는 사고**, MCP(Model-Context Protocol)**는 사람처럼 이해하는 사고**를 가능하게 합니다. 이 두 기술이 만나면 비로소 "공감형 AI 사고"가 완성됩니다.

✨ 감정형 사고 + 맥락형 사고의 구조

두 사고를 결합하면, 하나의 문장은 이렇게 바뀝니다:

단계	요소	설명	예시
1. 감정	느낌의 톤	사용자의 상태, 분위기	*"오늘은 조금 지쳤어요."*
2. 맥락	배경 정보	누가, 왜, 언제, 어디서	*"퇴근 후 하루를 정리하는 앱이에요."*
3. 행동	실행 요청	원하는 결과	*"따뜻한 톤으로 회고일기 UI를 만들어줘."*

즉 감정이 '리듬'을, 맥락이 '의미'를, 행동이 '구조'를 담당합니다. AI는 이 세 가지가 모두 있을 때 정확하고 사람다운 결과물을 냅니다.

✦ 감정 + 맥락 융합 설계 절차

아래와 같은 순서로 진행해 봅시다.

단계	목표	설명
1. 감정 인식	오늘의 기분 입력	"지침 / 설렘 / 집중 / 불안" 중 선택
2. 맥락 설정	사용 상황 정의	"출근 전 / 공부 중 / 자기 전"
3. 프롬프트 조합	감정 + 맥락 문장 작성	*"오늘은 피곤해. 자기 전 일기 UI를 만들어 줘."*
4. 코드 생성	AI 실행	HTML / CSS / JS 출력
5. 피드백	감정 반응 점검	*"색감이 차가워요 → 더 부드럽게 수정해 줘."*

✦ 실습 시트: 감정 + 맥락 융합 프롬프트 1

예시 A: "하루 회고 일기앱"

프롬프트 지시어

"오늘은 조금 피곤해요. 퇴근 후 하루를 정리하는 앱을 만들고 싶어요. 따뜻한 색감과 부드러운 문장 톤으로 UI를 구성해 줘요."

→ ChatGPT

배경은 연한 베이지 톤, 버튼은 둥글고 천천히 움직이며, 문장에는 *"오늘도 수고했어요."* 같은 부드러운 피드백이 추가됩니다.

예시 B: "시험 공부 리마인더"

프롬프트 지시어

"시험이 다가와서 긴장돼요. 고등학생이 집중력을 유지할 수 있는 알림 앱을 만들고 싶어요. 색은 시원한 블루, 문장은 단호하게, 애니메이션은 짧게"

→ ChatGPT
앱은 밝고 집중되는 블루 계열로 구성, *"지금 한 문제만 더 풀어봐요."* 같은 짧고 결의 있는 문장을 생성합니다.

예시 C: "동아리 협업 페이지"

프롬프트 지시어

"친구들과 프로젝트를 하면서 조금 정신이 없어요. 우리 팀이 정보를 쉽게 공유할 수 있는 페이지를 만들고 싶어요. 밝고 명확한 색감, 간단한 문장, 빠른 전환으로 부탁해요."

→ ChatGPT
팀원별 카드형 구조, 짧은 문장 요약, '피드백 남기기' 버튼이 즉시 반응하도록 설계됩니다.

✦ 실습 시트: 감정 + 맥락 융합 프롬프트 2

아래 빈칸을 이런 식으로 채워보세요.

감정	맥락	요청	결과 예시
설렘	신입생이 첫날 일기를 쓰는 앱	*색은 밝게, 문장은 응원하는 말투로*	"오늘 하루, 잘 해냈어요!" 문구 자동 출력

집중	직장인이 업무 중 회의록 정리	글꼴은 단정하게, 전환은 빠르게	"회의 핵심 정리 중…" 자동 저장 기능
불안	학생이 시험 전 복습 중	톤은 안정적, 전환은 느리게	"괜찮아, 준비 잘 됐어." 문장 표시
편안	자기 전 일기 작성	색상은 베이지, 글씨는 둥글게	"오늘도 무사히 하루를 마쳤어요." 문구 표시

✨ 실습 시트: 감정 + 맥락 융합 프롬프트 3

예시 A: "교사 – 학생 피드백 시스템"

프롬프트 지시어

"학생이 숙제를 제출했을 때, 교사가 따뜻하게 피드백할 수 있는 화면을 만들고 싶어요. 학생이 부담을 느끼지 않도록 색상은 밝고, 문장은 부드럽게 해주세요."

→ ChatGPT
'피드백 문장 생성기'가 '지시문'이 아닌 '응원문'으로 변환됩니다.

예시 B: "고립감 완화 커뮤니티 챗봇"

프롬프트 지시어

"혼자 공부하는 학생이 외로움을 느낄 때, 대화로 위로해 주는 챗봇이에요. 대화 속도는 느리고, 답변은 '당신이 혼자가 아니에요.'처럼 공감형으로 해주세요."

→ ChatGPT
챗봇이 단답 대신 '감정적 맥락'을 고려해 맞춤 반응을 생성합니다.

예시 C: "팀 협업 리듬 조절기"

프롬프트 지시어

"팀원들이 피로할 때 알림 속도를 늦추고, 성취했을 땐 활기찬 효과음을 추가하는 팀 협업 도구예요."

→ ChatGPT
감정에 따라 자동으로 '업무 리듬'을 조정하는 도구 완성

이게 바로 '공감형 AI 시스템'의 시작입니다.

✦ 실습 시트: 나만의 감정 + 맥락 AI 설계표

감정	맥락	프롬프트 예시	기대 결과
설렘	신입생 첫 등교	*"설레는 기분이에요. 학교 첫날 일정 앱을 만들고 싶어요. 밝은 톤으로 구성해 줘요."*	부드럽고 활기찬 UI
긴장	발표 직전	*"조금 긴장돼요. 발표 타이머를 만들어 주세요. 색상은 진한 블루로"*	집중감 있는 디자인
안도	프로젝트 마무리	*"드디어 끝났어요. 결과 화면에 '수고했어요' 문구를 띄워주세요."*	완결감 있는 피드백

구분	단순 프롬프트	감정 + 맥락형 프롬프트
AI 반응	표준 코드, 무표정	맞춤 코드, 인간적 UX
언어	명령형	대화형
생성물	기능 중심	경험 중심
결과 톤	차가움	따뜻함
적용 분야	단일 앱 개발	교육, 콘텐츠, 서비스 전반

✦ 감정 + 맥락 융합 프롬프트가 강력한 이유

① AI가 인간의 사고 구조를 학습합니다.

→ 감정 + 맥락 조합은 "사람의 의사결정 과정"을 그대로 반영합니다.

② 사용자 경험이 자동으로 일관성 있게 유지됩니다.

→ 톤, 색, 언어가 자연스럽게 연결되어 '브랜드 감정선'을 형성합니다.

③ 결과물이 덜 어색해집니다.

→ 단순 지시형보다 훨씬 '사람의 손맛'이 느껴집니다.

바이브 코딩 × MCP 워크플로우

✦ 감정과 맥락을 프로젝트의 두 축으로 세우기

많은 사람들이 프로젝트를 시작할 때 '기능'이나 '디자인'을 먼저 떠올립니다. 하지만 이제는 이렇게 묻는 것이 더 중요합니다. "이 기능은 어떤 감정을 만들어야 할까?", "이 감정은 어떤 상황에서, 누구에게 필요한 걸까?" 바이브 코딩은 사용자의 감정을 설계의 출발점으로 두는 방법이고, MCP은 그 감정이 작동하는 맥락(상황)을 연결하는 기술입니다.

① **바이브 코딩:** "무엇을 느끼게 할까?"
② **MCP:** "언제, 왜, 누구에게 필요할까?"

이 두 질문으로 설계를 시작하면, 결과물은 기능을 넘어서 '경험'을 담게 됩니다.

✦ 바이브 코딩 × MCP 워크플로우 개요

하나의 프로젝트를 아래 5단계 리듬으로 진행해 보세요.

단계	핵심 질문	도구	산출물
1	사용자는 지금 어떤 감정을 느끼고 있을까?	감정 맵, 인터뷰	감정 키워드 리스트
2	그 감정이 언제, 어디서, 왜 생길까?	사용자 여정표	맥락 노트

3	감정과 맥락을 결합한 설계 문장은 무엇일까?	바이브 코딩 템플릿	프롬프트 시트
4	AI에게 설계를 전달해 프로토타입을 만든다면?	ChatGPT, IDE	초안 코드
5	결과가 감정 리듬과 잘 맞는가?	피드백 루프	개선 버전

이 과정을 반복하면, "기능 중심 개발"이 아니라 "감정 중심 설계"가 이루어집니다.

✨ 실습 시트: 감정 루틴 타이머 만들기

1. 감정 정리

- 오늘의 감정: "조금 피곤하지만, 그래도 해내고 싶어요."
- 분위기: 따뜻하고 차분하게, 응원받는 느낌

2. 맥락 정리

- 사용자: 고등학생
- 상황: 공부를 마치고 하루를 마무리할 때 사용하는 루틴 앱

3. 프롬프트 지시어

"하루를 마무리하며 스스로를 응원할 수 있는 루틴 타이머를 만들어 주세요. 색상은 따뜻한 베이지, 애니메이션은 느리게, 완료 시 '오늘도 수고했어요.' 문구가 자연스럽게 나타나게 해주세요."

4. ChatGPT 코드 생성

AI가 HTML/CSS/JS 기반 타이머 코드를 생성합니다. 배경색, 속도, 문장 톤이 감정 데이터에 따라 구성됩니다.

❌ 피드백 프롬프트 지시어

"타이머 알림 소리가 너무 날카로워요."

"완료 문구가 더 천천히 뜨면 좋겠어요."

✅ 피드백 프롬프트 지시어

"완료 문구가 1초 후 부드럽게 나타나게 해주세요."

→ 이렇게 감정 리듬을 중심으로 수정하면, 앱이 '기능'이 아니라 '위로'를 전달하게 됩니다.

✦ 바이브 코딩 × MCP 설계 매트릭스

구분	감정 설계(바이브 코딩)	맥락 설계(MCP)
초점	느낌, 리듬, 분위기	이유, 관계, 배경
질문	"어떤 기분을 주고 싶은가요?"	"이 기분이 왜 필요한가요?"
언어	감정 단어, 톤, 색상	시간, 장소, 대상, 목적
결과	UX 톤 & 스타일	로직 & 흐름 구조
검증 기준	감정의 일관성	맥락의 논리성

✦ 감정 중심 테스트(바이브 코딩 검증)

항목	질문	체크
색감	감정과 어울리는 색인가요?	☐
속도	전환 속도가 감정 리듬과 맞나요?	☐
문장	말투가 따뜻하거나 단호해야 할 때 맞게 표현되었나요?	☐
피드백	사용자에게 위로나 동기가 전달되나요?	☐

- "불안" → 밝은 색이면 어색함
- "집중" → 전환이 느리면 흐름이 깨짐

✦ 맥락 중심 테스트(MCP 검증)

항목	질문	체크
사용자	실제 대상의 상황에 맞게 작동하나요?	☐
시점	감정이 발생한 시점과 기능 실행 시점이 일치하나요?	☐
흐름	화면 전환과 인터랙션이 자연스러운가요?	☐
지속성	맥락이 달라져도 의도는 유지되나요?	☐

"회의 직후 피드백 페이지"라면 긴 문장보다 짧은 요약이 더 적합합니다.

✦ 팀 협업에서의 활용

역할	감정 중심 역할	맥락 중심 역할
기획자	사용자 감정선 정리	사용 시나리오 정의
디자이너	톤·색상·움직임 설계	단계·전환·구조 설계
개발자	감정형 인터랙션 구현	데이터·로직 연결
테스터	감정 피드백 수집	시나리오 검증

→ 감정과 맥락을 역할별로 분리하면, 팀이 '같은 리듬'으로 협업할 수 있습니다.

✦ 한눈에 보는 워크플로우

① 감정 정리

② 맥락 정리

③ 프롬프트 설계

④ 코드 생성

⑤ 피드백

⑥ 감정·맥락 재조정

⑦ 완성

AI에게 *"글을 써줘요."*, *"앱을 만들어줘요."*라고만 하면 결과물은 늘 비슷하고 표준적인 수준에 머물러 있습니다. 그 이유는 간단합니다. AI는 *"무엇을 하라"*는 명령어는 이해하지만, *"왜, 누구를 위해, 어떤 상황에서 하라"*는 맥락 정보가 빠지면 창의적 판단을 내리지 못하기 때문입니다. 그래서 우리는 '프롬프트' 안에 맥락(상황·목적·대상)을 함께 넣어야 합니다. 이걸 맥락형 프롬프트(Contextual Prompt)라고 부릅니다.

✦ 맥락형 프롬프트의 기본 구조

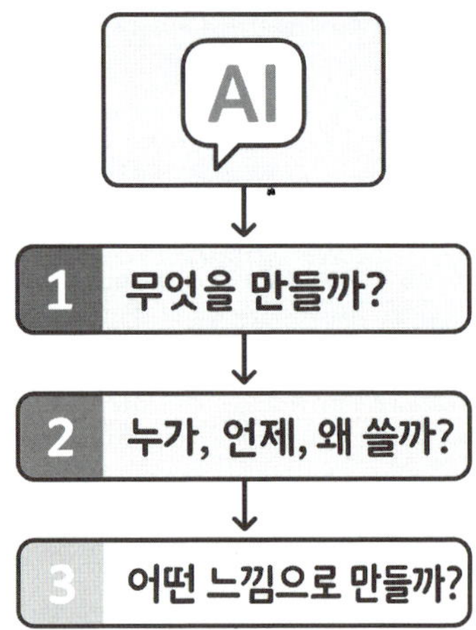

아래는 가장 단순하고 강력한 문장 구조입니다. "누가(대상), 언제·어디서(상황), 무엇을(목표) 하기 위해, 어떤 느낌으로(바이브 코딩) 만들고 싶은가." 이것을 표로 정리하면 이렇게 됩니다.

구분	설명	예시
대상	누가 쓸지	중학생, 부모님, 직장인 등
상황	언제·어디서 쓸지	공부할 때, 자기 전, 이동 중 등
목표	어떤 문제를 해결하고 싶은지	집중, 휴식, 계획, 기록 등
감정	어떤 톤과 분위기로 표현할지	따뜻하게, 귀엽게, 단정하게 등
출력	어떤 형식으로 결과를 만들지	앱, 카드뉴스, 보고서 등

이 5가지 요소를 넣으면 AI는 더 이상 "기계적인 결과"가 아닌 "사람의 의도를 반영한 결과"를 냅니다.

✨ 문장 구조의 기본형 3단계

1. 목표형

"나는 ~~를 만들고 싶어요."

→ 가장 단순한 형태지만, 무엇을 할지만 담고 있습니다.

예 *"단어 암기 앱을 만들고 싶어요."*

2. 맥락형

"나는 ~~ 상황에서 쓸 ~~을 만들고 싶어요."

→ 언제·왜 필요한지가 포함됩니다.

예 *"시험 직전에 복습용 단어 암기 앱을 만들고 싶어요."*

3. 감정형

"나는 ~~ 상황에서 쓸, ~~한 느낌의 ~~을 만들고 싶어요."

→ 여기에 바이브 코딩(감정·분위기)까지 넣으면 완벽합니다.

예 *"시험 직전에 복습할 때 쓸, 차분한 느낌의 단어 암기 앱을 만들고 싶어요."*

✨ 실습 시트: 문장 구조 변환 연습

단계	원래 문장	개선 문장	포인트
1	"집중 앱 만들어줘."	"공부할 때 사용할 집중 앱을 만들어줘."	상황 추가
2	"공부할 때 사용할 집중 앱을 만들어줘."	"공부할 때 사용할, 따뜻한 분위기의 집중 앱을 만들어줘."	감정 추가
3	"공부할 때 사용할, 따뜻한 분위기의 집중 앱을 만들어줘."	"고등학생이 자기 전 30분 동안 사용할, 따뜻한 분위기의 집중 앱을 만들어줘."	대상 + 시간 추가

이렇게 한 단계씩 맥락을 쌓으면, 같은 요청이라도 결과의 질이 3배 이상 달라집니다.

✨ 맥락형 문장 패턴 5가지

패턴명	문장 형태	예시
상황 중심형	"~할 때 사용할 ~~을 만들어줘."	"이동 중 들을 명상 오디오 만들어줘."

감정 중심형	"~~한 기분을 주는 ~~을 만들어줘."	"안심이 되는 목소리의 알람을 만들어줘."
대상 중심형	"~~이 쓸 수 있는 ~~을 만들어줘."	"초등학생이 감정 기록할 수 있는 일기 앱 만들어줘."
목적 중심형	"~~을 위해 쓸 ~~을 만들어줘."	"집중력을 높이기 위한 루틴 타이머 만들어줘."
리듬 중심형	"~~처럼 움직이는 ~~을 만들어줘."	"바람에 흔들리는 느낌의 배경 애니메이션 만들어줘."

✦ AI가 가장 잘 반응하는 문장 구조

AI는 문장 중에서도 맥락어(when, why, who, tone)에 가장 강하게 반응합니다. 예시를 보여드리겠습니다.

문장	결과
"타이머 만들어줘."	일반 타이머 코드 생성
"고등학생이 밤에 공부할 때 쓸, 차분한 느낌의 타이머 만들어줘."	감정과 시간대가 반영된 UX 구성(어두운 배경, 부드러운 애니메이션)

즉, AI에게는 "맥락 = 설계도"입니다. 맥락이 구체적일수록 AI는 더 인간적으로 반응합니다.

✦ 실습 시트: 맥락형 문장 작성

① 만들고 싶은 기능을 한 줄로 적기
② 누가, 언제, 왜 쓸지를 덧붙이기

③ 감정 단어(밝게, 단정하게, 포근하게 등)를 추가하기

④ 마지막에 "어떤 결과로 출력할지"를 명시하기

⑤ 예시 프롬프트 지시어

"엄마가 저녁 준비하면서 들을, 기분이 편안해지는 3분 타이머를 만들어줘. 소리는 부드럽고, 화면은 따뜻한 주황색으로."

✨ 감정과 맥락을 한 문장에 담는 방법

항목	나쁜 예	좋은 예
대상 불명확	"타이머 만들어줘."	"학생이 쓸 공부 타이머 만들어줘."
상황 누락	"일기 앱 만들어줘."	"자기 전 하루 정리용 일기 앱 만들어줘."
감정 표현 부족	"메모 앱 만들어줘."	"밝고 귀여운 느낌의 메모 앱 만들어줘."
출력 불명확	"코드 짜줘."	"HTML/CSS/JS 코드로 한 페이지로 만들어줘."

✨ 감정과 맥락의 연결

감정	맥락	결과 문장
안심	잠들기 전	"잠들기 전에 안심되는 목소리의 오디오 타이머 만들어줘."
집중	공부 시간	"공부할 때 쓸, 집중감 있는 블루 톤의 타이머 앱 만들어줘."

| 활기 | 운동 전 | *"운동 전에 쓸, 에너지 넘치는 카운트다운 타이머 만들어줘."* |
| 위로 | 퇴근 후 | *"퇴근 후 사용할, 따뜻한 색감의 휴식 안내 앱 만들어줘."* |

MCP 프롬프트 템플릿

앞서 반복적으로 설명했듯이 MCP는 여러 AI 시스템이 '맥락(상황·목표·감정·환경)'을 공유하며 협력하도록 돕는 통신 프로토콜이에요. 쉽게 말하면, "AI들끼리 서로 무슨 일을 하고 있는지 이해하도록 돕는 언어"이죠. 예를 들어 사용자가 "오늘 일정으로 보고서 초안 만들어줘."라고 말하면 일정 관리 AI가 오늘의 일정을 가져오고, 문서 AI가 내용을 정리하고, 감정 톤 AI가 문체를 조정하고, 요약 AI가 완성본을 다듬습니다. 이 네 개의 AI가 따로 노는 대신, MCP가 그들 사이의 '공용 언어' 역할을 하죠. 즉, 명령이 아니라 맥락을 교환하는 방식입니다.

Krea 이미지 생성

✦ MCP의 기본 구조 복습하기

핵심 개념인 '맥락(Context)'의 동기화(Synchronization)를 보겠습니다.

단계	역할	예시
요청(Request)	사용자의 목표와 상황 전달	*"회의 일정 기반 보고서 요약해 줘."*
해석 (Context Mapping)	MCP가 각 AI에게 역할을 배분	*"캘린더 AI=일정 수집, 문서 AI=작성"*
실행 (Coordination)	AI들이 서로 데이터를 공유하며 작업	문서 AI ↔ 감정 AI 협업
통합(Integration)	결과를 하나로 합침	완성된 보고서 생성
피드백 (Feedback Loop)	수정·보완 지시 재전달	*"톤을 더 공식적으로 바꿔줘."*

이 흐름을 '대화의 오케스트라'라고 부를 수 있어요. MCP는 지휘자이고, AI들은 각자 악기처럼 자신의 파트를 연주하는 셈이죠.

✦ MCP 사고 문법(Thinking Grammar)

AI에게 명령하는 대신, '협력 시나리오'를 설계해야 합니다. 아래 템플릿은 여러 AI가 동시에 움직이게 할 때 쓸 수 있는 기본 문법이에요.

MCP 템플릿

① **목표:** 최종 결과가 무엇인지 예 오늘 일정 기반 요약 보고서

② **참여 에이전트:** 필요한 AI 도구와 역할 예 캘린더 / 문서 / 감정 / 요약

③ **맥락 공유:** 공통으로 알아야 할 조건 예 회의 주제, 시간, 말투 톤

④ **데이터 흐름:** 어떤 순서로 정보가 이동하는가 예 일정 → 텍스트 → 요약

⑤ **예외 상황:** 어떤 조건에서 멈추거나 다시 실행할지 예 일정이 없으면 알림

⑥ **결과물:** 최종 형태 예 Markdown 보고서 / Word 문서 / 요약 카드

⑦ **피드백 루프:** 사용자의 다음 요청 흐름 예 *"톤을 바꿔서 다시 요약해 줘."*

예시 A: "회의 자동 요약 시스템" 프롬프트 설계

항목	내용
목표	회의 후 자동으로 요약 보고서를 생성
참여 에이전트	음성 인식, 감정 분석, 문서 요약, 일정 관리
맥락 공유	회의 주제, 발언자, 발언 감정 톤
데이터 흐름	음성 → 텍스트 변환 → 감정 분석 → 요약
예외	녹음 파일 누락 시 알림 발송
출력물	Markdown 요약 보고서
피드백 루프	"팀 리더 버전 / 요약 3줄" 재요청 시 자동 재생성

이렇게 구조화하면 MCP는 자동으로 "누가, 무엇을, 왜, 어떤 흐름으로 하는가"를 이해하고 AI들끼리 알아서 대화를 이어갑니다.

예시 B: "감정 기반 학습 비서"

항목	내용
목표	학생의 감정 상태에 맞춰 학습 계획을 조정
참여 에이전트	학습 관리 AI / 감정 분석 AI / 추천 AI
맥락 공유	수면 시간, 기분 기록, 학습 시간 데이터
데이터 흐름	감정 → 계획 조정 → 추천 과목 표시
예외	데이터 부족 시 *"오늘은 가벼운 복습 추천"* 메시지 출력
출력물	개인 맞춤 학습 루틴 카드
피드백 루프	*"오늘은 집중이 안 돼."* → 휴식 모드 자동 제안

✦ MCP 실전에서 기억할 부분

상황	대화 예시
AI들 간 연결 오류	*"MCP에서 감정 분석 결과를 문서 AI에도 전달해."*
중복 처리 방지	*"한 번 생성된 요약은 재사용하고 중복 생성 막아줘."*
다중 입력 관리	*"일정이 2개면 둘 다 요약하고 병합 결과를 보여줘."*
피드백 루프 제어	*"이전 결과를 기준으로 수정만 반영해 줘."*

✦ MCP를 학습·교육에 활용하기

1. 토론 수업

학생이 발언, AI가 즉석 요약 → 감정 톤별 피드백 제공

2. 팀 프로젝트

역할별 AI(기획·자료·요약·발표) 연결

3. 에세이 코칭

초안 생성 AI ↔ 문체 조정 AI ↔ 감정 피드백 AI

교실에서도 MCP는 "협력 사고 훈련 도구"가 될 수 있습니다. 학생이 AI를 다루는 것이 아니라, AI의 협업을 설계하는 프로듀서가 되는 거예요.

✨ MCP 설계 체크리스트

항목	확인
목표가 한 줄로 명확한가?	☐
참여 AI의 역할이 구분되어 있는가?	☐
데이터 흐름이 선형 또는 병렬 구조로 정의되어 있는가?	☐
맥락(시간, 감정, 사용자 환경)이 공유되는가?	☐
예외 처리와 피드백 루프가 포함되어 있는가?	☐

🔍 김프로 Tip

MCP를 활용할 때는 세 가지를 명심하세요.

① 명령보다 시나리오를 말하세요. "이걸 해줘."보다 "이 상황에서 이렇게 연결해 줘."가 훨씬 정확하게 작동합니다.

② 에이전트의 '역할'을 먼저 정의하세요. AI는 감정, 요약, 일정처럼 각자 맡을 일을 분명히 해야 협업이 매끄럽습니다.

③ 맥락을 꾸준히 공유하세요. AI도 인간처럼 "이유"를 알아야 똑같은 방향으로 움직입니다.

AI와 협업하기 — 프롬프트 팀플 (Team Project)의 기술

예전에는 아이디어를 내면 기획자가 기획서를 쓰고 → 디자이너가 시안을 만들고 → 개발자가 코드를 짰습니다. 하지만 이제는 그 사이에 AI가 '공동 작업자'로 들어왔습니다. AI는 번역가처럼 사람의 말을 코드로 바꾸고, 사람은 디렉터처럼 감정과 맥락을 제시합니다. 이 새로운 구조에서는 "누가 코드를 잘 짜는가?"보다 "누가 명확하게 설명하고, 빠르게 수정 피드백을 주는가?"가 더 중요해졌습니다.

✨ 프롬프트 팀플의 핵심 원리

AI는 하나의 언어를 듣지만, 여러 사람의 생각을 동시에 이해할 수 있습니다. 팀의 모든 구성원이 같은 맥락과 감정선을 공유하면 AI는 그걸 한 덩어리의 설계도로 인식하죠. 그래서 프롬프트를 공유 문서처럼 쓰는 것이 중요합니다.

✨ 협업 구조 요약표

역할	감정 중심 역할 (바이브 코딩)	맥락 중심 역할 (MCP)	출력 예시
기획자	"무엇을, 왜 만들까?" 감정선 설정	목표·사용자 시점 정의	프로젝트 개요 프롬프트

디자이너	톤·색상·움직임 설계	시각 흐름과 맥락 조율	스타일 프롬프트
개발자	감정 반영 인터랙션 구현	데이터 흐름·로직 연결	코드 생성 프롬프트
리더/교사	협업 리듬 관리	팀 맥락 조율	최종 점검 시트

바이브 코딩은 감정의 언어, MCP는 사고의 문법이며, 둘이 합쳐져야 팀이 같은 방향으로 움직입니다.

✨ 협업 시 자주 생기는 문제와 해결법

문제	원인	해결법
AI가 의도를 잘못 이해함	프롬프트가 추상적임	"감정·맥락·형식" 세 항목으로 구체화
팀원별 프롬프트가 다름	공유 문서가 없음	공용 템플릿(노션, Docs)에 통합
수정 반복이 길어짐	피드백이 감정 위주	"무엇을, 어디서, 어떻게" 기준으로 말하기
결과가 제각각	감정 언어 불일치	감정 키워드 표준화(따뜻함=베이지, 둥근 모서리)

✨ AI 협업에서의 리더십

AI 협업에서의 리더는 명령자가 아닙니다. 리듬을 조율하는 사람, 즉 "감정의 지휘자"이자 "맥락의 조정자"입니다. 리더가 할 일은 세 가지입니다.

① **감정 방향 정리**

→ *"이번 프로젝트는 편안함보다 활기 중심이에요."*

② **맥락 유지**

→ *"모바일 중심 UX로 통일합시다."*

③ **리듬 관리**

→ *"매 20분 단위로 실행 - 피드백 - 수정 반복."*

이 세 가지만 잡으면, 팀의 생산성은 눈에 띄게 달라집니다.

✦ 실습 시트: "학교 생활 루틴 앱"

1. 감정과 맥락 정리

① **감정 목표:** *"하루를 정리하며 안심되는 느낌"*

② **사용자:** *고등학생*

③ **상황:** *자기 전, 다음날 준비 시간*

④ **바이브:** *차분하고 따뜻한 색감, 부드러운 문장*

⑤ **데이터:** localStorage(자동 저장)

2. 역할 분담

역할	담당 내용	작성 예시
기획자	기능 구조 정리	*"할 일 등록 / 완료 체크 / 내일 미리보기"*
디자이너	색·폰트·아이콘 제시	*"파스텔 톤 / 둥근 버튼 / '잘했어요!' 문구"*
개발자	기술 프롬프트 구성	*"HTML + CSS + JS, 반응형, 저장 기능 포함"*
AI	초안 코드 생성 및 자동 검증	*"테스트 시나리오 실행"*

3. 협업 대화 예시

기획자 *"완료 후 위로 떠오르는 문구, '오늘도 수고했어요.' 넣어주세요."*

디자이너 *"그 문구는 파스텔 배경 위에서 1초간 부드럽게 나타나면 좋아요."*

개발자 *"좋아요. 'fadeIn()' 효과로 구현하고 색상은 #FDEBD0으로 설정할게요."*

AI *"코드 업데이트 완료. 수정된 문구와 전환 효과를 반영했습니다."*

이건 대화이자 코딩 과정입니다. 누가 먼저가 아니라, 모두가 동시에 설계합니다.

✦ 실습 시트: "AI 협업 회의 시나리오"

1. 프로젝트 개요

"학교 동아리용 출석 관리 앱 만들기"

2. 프롬프트 구조

① **감정:** *밝고 귀여운 분위기, 학생 친화적인 톤*
② **맥락:** *아침 조회 시간에 빠르게 출석을 체크할 수 있는 구조*
③ **기능:** *출석체크 / 지각 표시 / 자동 출석률 계산*
④ **데이터:** *구글 시트 연동*

3. 협업 회의

기획자 *"출석 확인 후 이모지로 반응해 주면 재밌을 것 같아요."*

디자이너 *"좋아요, 체크 시 '🖤 오늘도 왔네요!' 문구를 띄워요."*

개발자 *"그럼 이모지는 랜덤으로 바뀌게 만들어볼게요."*

AI *"출석 체크 후 랜덤 이모지 표시 기능을 추가했습니다."*

→ 이렇게 '감정·맥락·기능'이 하나로 연결될 때, AI는 더 정확하고 인간적인 결과를 냅니다.

✦ 협업을 위한 중요한 점

구분	설명
1. 시각 자료를 함께 입력하라	UI 다이어그램, 색상표, 아이콘 예시를 함께 보내면 AI의 정확도가 급상승합니다.
2. 피드백은 짧고 구체적으로	"버튼 둥글게"보다 ".btn 클래스 border-radius 20px로 수정해 줘."
3. 감정어를 기준으로 통일하라	"따뜻한=베이지 톤", "활기찬=오렌지 톤" 처럼 감정 사전을 공유하세요.

AI는 지금까지 '정확도'와 '속도'의 언어로 발전해 왔습니다. 하지만 앞으로는 '이해력(Comprehension)'이 기술의 기준이 됩니다. 이해력은 단순히 데이터를 해석하는 능력이 아니라 상황과 감정, 그리고 맥락을 함께 읽는 능력입니다. 바이브 코딩이 감정의 언어를, MCP가 맥락의 언어를 만들어냈다면, 이 둘이 결합할 때 기술은 비로소 '이해하는 존재'로 진화합니다.

✦ 바이브 코딩 × MCP = 감정과 맥락의 통합 사고

구분	역할	결과
바이브 코딩	감정을 설계한다	사람의 톤과 리듬이 반영된 디자인
MCP	맥락을 연결한다	여러 시스템이 하나의 사고 흐름으로 작동
결합 결과	감정형 + 맥락형 사고	사람처럼 이해하고 반응하는 기술 생태계

예를 들어 학생이 "오늘 *집중이 잘 안돼요.*"라고 말하면 바이브 코딩은 이 감정을 감지해 톤과 속도를 조정하고, MCP는 그 정보를 학습 계획 앱, 음악 플레이어, 일정 관리 도구와 자동 연결합니다. 그 결과 AI는 "조용한 배경음악을 켜고, 공부 계획을 30분 단위로 조정해 줄까요?"라

고 제안합니다. 단순한 기능을 넘어선 공감 기반의 기술 작동 방식이라
고 할 수 있죠.

✨ 교육의 패러다임 변화

지금의 교육은 여전히 "지식을 전달하는 시스템"에 머물러 있습니
다. 하지만 MCP형 사고가 도입되면, 교실은 완전히 달라집니다.

기존 교육	MCP형 교육
교사는 정보를 전달	교사는 맥락을 설계
학생은 지식을 암기	학생은 사고를 구조화
학습은 단절된 과목 중심	학습은 통합된 맥락 중심
평가 기준은 결과 중심	평가 기준은 사고 과정 중심

예를 들어 '환경 오염'을 배우면 과학, 사회, 윤리, 기술이 한 주제 안
에서 연결됩니다. AI는 학생의 감정(흥미, 혼란, 집중도)을 읽고 그때마다
맞춤형 자료나 피드백을 제공합니다. 이것이 바로 "바이브 코딩 × MCP
형 교실", 감정이 흐르고 맥락이 이어지는 학습 공간입니다.

✨ 창작의 변화

MCP형 창작 환경에서는 '코드'보다 '감정과 맥락의 설계'가 핵심이
됩니다. 디자이너는 색상을 고르는 대신 느낌을 지정하고, 작가는 문장
을 쓰는 대신 바이브를 제시합니다.

프롬프트 지시어 예시

"따뜻하지만 약간의 고독이 있는 저녁 풍경을 만들어줘."

ChatGPT

AI는 파스텔 색조의 하늘, 은은한 조명, 느린 음악을 결합해 완성합니다.

감정이 곧 언어, 맥락이 곧 명령이 되는 시대가 열리고 있습니다.

✦ 일과 기술의 재정의

기업과 조직의 일도 바뀝니다. 이제는 "얼마나 많이 알고 있느냐"보다 "얼마나 정확히 이해하고 공감하느냐"가 경쟁력입니다.

기존 업무 방식	MCP 이후의 변화
지시 → 수행	맥락 공유 → 자율 실행
부서별 분리	맥락별 협업
보고서 중심	대화형 프로세스 중심
결과 중심 피드백	감정·의도 중심 피드백

MCP는 AI에게 '업무의 흐름'을 가르치고, 바이브 코딩은 그 속에 '사람의 감정'을 주입합니다. 그래서 미래의 일터에서는 "감정이 읽히는 대화"가 곧 "업무 명령어"가 됩니다. 회의록 대신 감정 리듬 그래프, 보고서 대신 맥락 지도(Context Map)가 만들어지는 거죠.

✦ 감정과 맥락의 균형

바이브 코딩은 '느낌을 기술로 번역'하고 MCP는 '맥락을 연결 구조로 번역'합니다. 하지만 둘 중 하나만 있으면 균형이 무너집니다. 감정만 있으면 기술은 감성에 치우치고, 맥락만 있으면 시스템은 인간미를 잃습니다. 그래서 중요한 건 균형입니다. "감정은 방향을 주고, 맥락은 길을 잡는다." 이 원리가 AI 시대의 인간 중심 설계의 핵심이 됩니다.

✦ 실습 시트: "감정 + 맥락 융합 설계 연습"

단계	항목	예시
1	감정 정하기	*"안정감 / 집중 / 재미" 중 선택*
2	맥락 정하기	*"공부 / 여행 / 회의 / 대화"*
3	결합 문장 만들기	*"회의 중 집중력을 높이는, 안정감 있는 배경음 만들기"*
4	AI 프롬프트로 변환	*"회의 중 사용할, 안정감 있는 분위기의 백그라운드 사운드를 만들어줘."*

이 간단한 4단계만으로 AI는 기능보다 사람의 '의도'를 먼저 이해하게 됩니다.

AI는 더 이상 명령을 수행하는 도구가 아닙니다. 이제 AI는 우리의 감정, 사고, 상황을 읽고 '이해하려는 존재'로 진화하고 있습니다. MCP는 그 언어의 구조를, 바이브 코딩은 그 언어의 감각을 담당합니다. 결국 이 둘은 같은 방향을 가리킵니다. **"기술이 인간의 언어로 말하게 하는 것."**

바이브 코딩과 MCP의 차이

간단히 말해 바이브 코딩이 "AI에게 감정을 이해시키는 기술"이라면, MCP는 "AI들끼리 감정을 교환하게 만드는 기술"이에요. 하나는 감정의 인터페이스, 하나는 사고의 인프라라고 볼 수 있죠.

✨ 두 기술의 출발점

바이브 코딩은 감정을 논리로 번역하는 기술에서 시작합니다. 우리는 보통 '논리적으로 생각하라'는 교육을 받아왔지만, 실제 사고의 출발점은 감정이죠. "지루하다"는 감정이 개선 아이디어를 만들고, "재밌다"는 감정이 동기를 만들어냅니다. 바이브 코딩은 이런 감정의 리듬을 코딩 언어처럼 다루는 사고법이에요.

반면 MCP는 맥락을 동기화하는 기술입니다. 사람의 감정이 사고의 리듬을 만든다면, AI의 사고는 맥락의 구조로 만들어집니다. MCP는 여러 AI 시스템이 서로의 맥락을 이해하고, 정보를 주고받고, 함께 판단하도록 하는 '대화의 규약'인 것이죠. 감정이 사람의 사고 회로를 연결한다면, 맥락은 AI의 사고 회로를 연결합니다. 바이브 코딩이 "사람의 사고를 구조화하는 기술"이라면, MCP는 "AI의 사고를 연결하는 기술"인 거죠.

✨ 감정 vs 맥락

바이브 코딩의 최소 단위는 감정 리듬(Emotion Rhythm)입니다. 사람의 감정은 단순한 기분이 아니라 사고 속도를 조절하는 신호입니다. "조급하다"는 감정은 빠른 리듬을, "불안하다"는 감정은 느린 리듬을 만들어내죠. 바이브 코딩은 이런 감정 리듬을 인식하고 조율해 사고를 '설계 가능한 흐름'으로 만드는 기술입니다. MCP의 최소 단위는 맥락(Context)입니다. 맥락은 단순한 배경 정보가 아닙니다. "누가, 언제, 왜, 어떤 상황에서"라는 정보의 네트워크입니다. AI는 감정을 느끼지 못하지만, 맥락을 계산할 수 있습니다. 그렇기에 MCP는 감정을 대체하는 구조로, AI가 협력할 수 있는 사고의 연결망을 만드는 것이죠. 요약하자면 다음과 같습니다.

구분	바이브 코딩	MCP
사고의 단위	감정(Emotion)	맥락(Context)
중심 요소	인간의 리듬, 감각	시스템의 연결, 정보
작동 방식	감정을 코드처럼 구조화	맥락을 프로토콜로 동기화
목표	감정 기반 사고 훈련	다중 AI 협력
철학	인간의 사고 감각화	인공지능의 사고 통합화

✨ 감각 언어 vs 프로토콜 언어

바이브 코딩은 '느낌의 언어'로 사고를 기록합니다. "*이 버튼은 부드럽게 떠오르는 느낌으로*"라고 말하면 AI는 '속도 0.3초', '투명도 50% → 100%'라는 코드로 번역합니다. 즉, 감각을 데이터화하는 언어이죠. 반면 MCP는 '규칙의 언어'로 사고를 정리합니다. *"이 결과를 문서 AI에 전달해, 감정 AI가 톤을 조정하고 요약 AI가 완성본을 만든다."* 이건 사람의 감각 대신, 시스템의 질서로 표현된 언어입니다. 바이브 코딩은 감정을 공유하는 언어, MCP는 사고를 조율하는 언어입니다.

✨ 리듬 vs 네트워크

바이브 코딩은 한 사람의 내부 사고 리듬을 다룹니다. '감정 → 리듬 → 사고 → 행동'의 일련의 흐름 안에서 그의 감정 리듬을 관찰하고 설계합니다. 예를 들어 *"불안할 때 리듬을 느리게, 집중할 때 빠르게"* 이런 리듬의 자각이 바로 사고 훈련이죠. MCP는 여러 시스템 간의 사고 리듬을 연결합니다. AI는 각자 다른 리듬(속도, 언어, 데이터 구조)을 가집니다. MCP는 이 리듬들을 동기화해 하나의 사고 네트워크를 만듭니다. 예를 들어, 음성 인식 AI의 속도와 문서 요약 AI의 응답 시간이 달라도 MCP가 '리듬 조정자' 역할을 하며 전체 프로세스를 매끄럽게 이어줍니다. 바이브 코딩은 개인의 리듬 조율, MCP는 다중 리듬의 조율입니다.

✨ 감정 기반 설계 vs 맥락 기반 설계

바이브 코딩은 UX 설계에서 감정 데이터를 중심에 둡니다. 예를 들어, *"사용자가 기다릴 때 지루하지 않게"*라는 요구를 *"로딩 중 애니메이션 + 위로 문구 + 3초 이하 전환"*으로 바꿉니다. 사용자의 감정이 설계의 핵심 데이터로 작동하죠. MCP는 UX를 맥락 데이터로 설계합니다. *"사용자가 회의 중이라면 알림을 지연하고, 퇴근 후엔 자동 보고서 생성."* 이건 감정이 아니라, 사용자의 시간·장소·상황을 읽는 구조적 설계입니다. 즉, 바이브 코딩은 감정의 경험을 설계하고, MCP는 상황의 흐름을 설계합니다.

✦ 사람과 AI vs AI와 AI

바이브 코딩은 인간 중심의 협업 기술이에요. 기획자, 디자이너, 개발자가 AI를 '언어로 조율'합니다. AI는 도우미이자 번역자 역할을 하죠. MCP는 AI 중심의 협업 기술입니다. AI끼리 서로의 역할을 이해하고, 데이터를 교환하며 하나의 팀처럼 움직이도록 만드는 연결 구조죠. 예를 들어 바이브 코딩에서는 "색을 부드럽게 바꿔줘."라고 **사람이 직접 수정**하지만, MCP에서는 "디자인 AI가 감정 분석 결과를 반영해 자동으로 색을 조정한다."라고 입력합니다. 인간이 아닌 **시스템이 시스템과 대화**하는 것이죠.

✦ 사고의 리듬 vs 사고의 지도

바이브 코딩은 '감정의 지도'를 그립니다. 불안·기쁨·성취 등의 감정이 사고의 속도와 강도를 만든다는 것을 시각화하고 조율하는 훈련이죠. MCP는 '사고의 네트워크 지도'를 만듭니다. 각 AI의 역할, 데이터의 흐름, 조건의 전환이 시각적으로 표현됩니다. 이건 사고가 아니라 시스템의 사고 구조를 설계하는 행위입니다. 바이브 코딩은 인간의 뇌 안에서 흐르는 리듬을, MCP는 네트워크 안에서 움직이는 패킷으로 표현합니다.

✦ 감정의 인간화 vs 사고의 기계화

바이브 코딩의 목표는 **기술을 인간답게 만드는 것**입니다. 감정을 논리의 영역으로 끌어들이고, 사람의 언어를 중심으로 한 사고 훈련을 제안합니다. 반대로 MCP의 목표는 **사고를 시스템화**하는 것입니다. 사람의 사고 구조를 흉내 내어, AI들이 서로 협력할 수 있는 '사고 규칙'을 만드는 것이죠. 결국, 바이브 코딩은 "기술의 인간화", MCP는 "인간 사고의 기술화"로 이어집니다.

✦ 감정 기반 교육 vs 맥락 기반 사고

바이브 코딩은 감정 리듬을 중심으로 한 자기 관찰 훈련에 적합합니다. 학생이 스스로의 감정과 사고 리듬을 기록하면서 집중, 불안, 동기 등을 '사고의 데이터'로 다룹니다. MCP는 협업 기반 사고 훈련에 적합합니다. 학생이 여러 AI 도구(요약, 번역, 데이터 분석 등)를 연결해 하나의 프로젝트를 완성하는 과정 자체가 사고의 구조화 훈련이죠. 한마디로 바이브 코딩은 "감정적 사고력"을 키우고, MCP는 "구조적 사고력"을 키웁니다.

✦ 개인의 사고와 집단의 사고

바이브 코딩은 한 사람의 사고 확장 도구입니다. 감정과 리듬을 인식하고, 사고를 유연하게 설계하는 법을 알려주죠. MCP는 집단 사고의 연결 기술입니다. AI와 인간이 함께 사고하는 다중 시스템을 가능하게 합니다. 한 명의 감정 리듬이 아니라, 여러 시스템의 리듬이 하나로 동기화되는 거죠.

✦ 바이브 코딩 기술 vs MCP 기술

구분	바이브 코딩	MCP
초점	인간 ↔ AI 협업	AI ↔ AI 협업
중심 언어	감정·의도 중심	맥락·상황 중심

목적	감정 기반 사고 훈련	다중 에이전트 협력
작동 단위	단일 대화	다층 연결
결과물	코드·앱	시스템 전체 흐름
핵심 키워드	감각, 리듬, 공감	연결, 분업, 조율

바이브 코딩과 MCP는 서로 다른 방향에서 출발했지만, 결국 한 지점을 향합니다. 바로 "사람과 기술이 서로를 이해하는 사고 구조"입니다. 바이브 코딩은 감정의 리듬을 다루는 '내면의 기술', MCP는 맥락의 구조를 다루는 '외부의 기술'입니다. 앞으로의 시대에는 이 두 기술이 결합된 형태, 즉 감정을 이해하는 시스템과 맥락을 읽는 인간이 새로운 사고의 표준이 될 것입니다.

> **🔍 김프로 Tip**
>
> 바이브 코딩은 "감정을 설계하는 기술", MCP는 "맥락을 연결하는 기술"입니다. 다른 듯 결이 비슷하죠. 두 기술의 교차점에, 인간과 AI의 진짜 협업이 있습니다.

처음 만나는 바이브 코딩 X MCP

3부

ChatGPT - 감정과 맥락의 실험실

1장

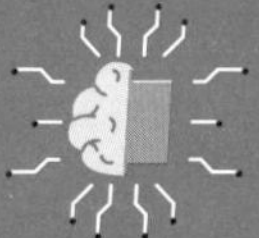

ChatGPT의 정의

　　ChatGPT는 OpenAI가 개발한 대화형 인공지능 챗봇으로, GPT(Generative Pre-trained Transformer) 언어 모델을 기반으로 하여 자연스러운 대화와 다양한 언어 작업을 수행합니다. ChatGPT는 LLM(Large Language Model), 즉 거대한 언어 모델입니다. 핵심은 "언어를 이해하는 것이 아니라, 다음에 올 단어를 예측하는 것"입니다. 예를 들어, 문장이 "오늘은 날씨가 ___."라면 ChatGPT는 방대한 양의 데이터를 참고해 "좋다", "맑다", "비가 온다" 같은 후보 중 가장 높은 확률의 단어를 예측해 이어 붙입니다. 이 과정을 수십억 번, 수천억 번 반복하면서 모델은 '언어의 감각'을 체득합니다. 이건 단순한 통계가 아니라, 일종의 '언어적 직관'을 학습한 결과입니다. ChatGPT는 인간처럼 "의도"를 이해하지는 못하지만, 인간이 말할 때 나타나는 패턴과 맥락의 흐름을 모사

할 수 있습니다. 이것이 바로 "생성형 인공지능(Generative AI)"의 본질입니다. 데이터를 요약하거나 분류하는 것이 아니라, 새로운 문장과 아이디어를 '생성'해내는 것이죠.

✨ LLM이 '대화'를 가능하게 하는 원리

LLM(Large Language Model의 약자로, 방대한 양의 텍스트 데이터를 학습해 인간의 언어를 이해하고 생성할 수 있는 인공지능 모델을 의미, 이하 LLM)의 작동을 조금 더 자세히 보면, 다음과 같은 4단계 흐름으로 요약할 수 있습니다.

1. 토큰화(Tokenization)

문장을 단어보다 작은 단위(토큰)로 나눕니다. 예를 들어 "바이브 코딩이 좋아요." → "바이브", "코딩", "이", "좋", "아요.".

2. 임베딩(Embedding)

이 토큰을 숫자 벡터로 바꿔, 컴퓨터가 이해할 수 있게 만듭니다. 이 벡터는 언어 간의 유사도(예 사랑 ≈ 좋아함)를 수치로 표현합니다.

3. 트랜스포머(Transformer)

이 모델 구조는 문맥을 이해합니다. 예전 AI는 단어를 순서대로 읽었지만, 트랜스포머는 문장 전체를 동시에 바라보며 "이 단어가 전체 문맥에서 어떤 의미를 갖는가"를 계산합니다.

4. 디코딩(Decoding)

가장 자연스러운 문장으로 결과를 조합해 출력합니다. 이 과정에서 '창의적 확률 조정(temperature)'이 들어가서 같은 질문에도 조금씩 다른 대답이 나올 수 있습니다. 즉 ChatGPT는 '기억'이 아니라 '맥락적 예측'

으로 움직이는 것이죠. 대화를 하는 듯 보이지만, 사실은 문맥을 계속 이어 가는 수학적 구조입니다.

✦ ChatGPT가 놀라운 이유는 '확률을 감정처럼 느끼는 것처럼 보이기' 때문

ChatGPT의 대답은 감정이 있는 것처럼 느껴집니다. 그 이유는 단어 간 확률을 계산할 때 "인간의 감정 언어 패턴"이 함께 학습되어 있기 때문입니다. 예를 들어 '슬픔'이라는 단어 근처에는 "조용히", "어두운", "기억", "그리움" 같은 단어가 자주 등장합니다. 모델은 이런 언어 간 관계망을 학습함으로써 "감정의 분위기"를 예측할 수 있게 된 것입니다. 덕분에 ChatGPT는 "슬픔을 담은 시를 써줘."라는 요청에도 감정적 결을 반영한 문장을 만들어낼 수 있습니다. 그러나 중요한 점은 그 감정이 '느껴지는 것처럼 계산된 결과'이지, 실제로 '느낀 것'은 아니라는 겁니다. 이 지점이 바로 인간과 AI의 경계이며, 바이브 코딩이 존재하는 이유이기도 합니다. AI가 감정을 이해하도록 돕는 건, 계산된 예측을 인간의 감정 리듬으로 번역하는 일입니다.

✦ ChatGPT의 한계는 '이해'가 아닌 '패턴화'

ChatGPT는 모든 대화를 '이해'하는 것처럼 보이지만, 실제로는 단어 간 확률에 기반한 패턴 매칭을 수행합니다. 즉, "왜?"라는 질문의 철학적 의미보다는 "이 질문 다음엔 이런 대답이 자주 나온다"는 통계적 흐름을 따릅니다. 그래서 감정, 윤리, 맥락의 깊은 층위에서는 오류가 발생하기도 합니다. 또한 ChatGPT는 2023년까지의 데이터를 기반으로 학습되었기 때문에 '현재'를 완벽히 반영하지 못합니다. 그리고 훈련 데이터의 편

향이 존재하기 때문에 AI의 대답에는 특정 문화나 언어권의 시선이 섞여 있을 수 있습니다.

✨ AI를 잘 쓰는 법 = 프롬프트를 잘 쓰는 법

ChatGPT를 잘 쓰는 사람과 그렇지 못한 사람의 차이는 프롬프트 설계력에 있습니다. AI는 질문에 맞춰 답할 뿐 아니라, 질문의 '의도'를 학습합니다. 따라서 질문을 구조화하면 결과의 품질이 높아집니다. 예를 들어

☓ *"보고서 써줘."*

✅ *"교사 대상 워크숍 기획 보고서를 써줘. 톤은 따뜻하고, 문체는 간결하게. 3단 구성으로."*

이처럼 '역할', '대상', '톤', '형식'을 함께 제시하면 AI는 더 맥락적인 결과를 냅니다. 이것이 바로 프롬프트 엔지니어링(Prompt Engineering)의 핵심입니다. 바이브 코딩은 여기에 감정을 더합니다. 즉 "이 보고서가 읽는 사람에게 어떤 기분을 주면 좋을까?"를 프롬프트에 포함시키는 거죠. 이것이 바로 감정형 프롬프트이며 AI를 인간의 감정 리듬에 맞추는 핵심 기술입니다.

✨ ChatGPT의 구조와 MCP의 만남

MCP는 ChatGPT 같은 모델이 다른 AI 시스템이나 도구와 연결되어 작동하게 하는 표준 언어입니다. ChatGPT는 '대화형 모델'이지만 MCP는 '대화형 협업 구조'를 만듭니다. 예를 들어 한 명령을 내렸을 때 MCP는 여러 AI가 동시에 작동하게 합니다.

하나는 데이터를 불러오고, 하나는 그 데이터를 정리하고, 또 하나는 결과를 시각화하죠. 이때 ChatGPT는 이 모든 과정을 통제하는 '언어 인터페이스' 역할을 합니다. 즉 ChatGPT가 '언어의 감각'을 담당한다면 MCP는 '맥락의 연결'을 담당합니다. 이 둘이 결합하면 AI는 더 이상 "대답하는 존재"가 아니라 "생각을 함께 정리하는 존재"가 됩니다.

✦ 우리가 알아야 할 AI의 본질

AI의 본질은 "모방"이 아니라 "확장"입니다. AI는 인간을 흉내 내는 기술이 아니라 인간의 생각과 감정의 폭을 넓히는 도구입니다. ChatGPT는 우리의 언어를 비추는 거울입니다. 우리가 모호하게 말하면 모호하게 답하고 정확히 표현하면 정확하게 반응합니다. 즉, AI의 지능은 결국 인간의 사고 구조를 얼마나 명료하게 표현하느냐에 따라 달라집니다. 그렇다면 우리가 해야 할 일은 명확합니다. AI를 두려워하기보다 언어를 새롭게 배우고, 사고를 구조화하며, 감정을 설계하는 법을 익히는 것. 바로 바이브 코딩의 첫 번째 훈련이자, AI 시대의 새로운 문해력입니다.

2장

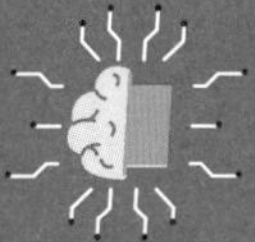

ChatGPT 실습

감정과 맥락의 2단 대화 구조

우리가 ChatGPT를 사용할 때 흔히 "정답"을 기대합니다. 하지만 바이브 코딩과 MCP의 사고에서는 정답보다 중요한 것이 '맥락과 감정의 일치'입니다. 바이브 코딩은 "이 상황에서 어떤 감정과 리듬이 필요한가"를 정의하고 MCP는 "그 감정을 어디에, 어떻게 적용할 것인가"를 구조화합니다. ChatGPT는 바로 그 두 가지를 동시에 실험하기에 가장 좋은 플랫폼입니다. 하나는 '감정의 언어', 다른 하나는 '맥락의 구조'이므로 이 둘을 함께 입력하면 AI는 마치 당신의 사고 흐름 안에서처럼 움직이기 시작합니다.

ChatGPT와의 대화는 두 층으로 나눠서 설계하면 훨씬 정확해집니다.

단계	설계 초점	예시
1단계: 바이브 레이어	어떤 감정과 분위기로 생각할 것인가	*따뜻하고 차분한, 위로의 톤*
2단계: MCP 레이어	그 감정이 어떤 맥락에서 작동하는가	*학생 대상, 공부 루틴 앱 기획 맥락*

이 두 단계가 합쳐질 때, ChatGPT는 단순히 "코드나 문장"을 만드는 것을 넘어 감정과 맥락을 함께 읽는 존재로 바뀝니다.

예시 A: "미래 계획 챗봇"

☒ 프롬프트 지시어

"미래 계획 챗봇을 만들어줘."

ChatGPT

기능만 나열된, 차가운 챗봇이 만들어집니다.

☑ 바이브 코딩 × MCP형 프롬프트 프롬프트 지시어

- **목표**: *"0년, 20년 인생 준비를 위해 대화형 챗봇을 만들고 싶어요."*
- **감정**: *"차분하고 든든한 선배 같은 말투면 좋겠어요."*
- **맥락**: *"사용자는 고등학생이고, 삶에 스트레스가 많아요."*
- **행동**: *"오늘의 집중 시간과 휴식 비율을 알려주고, 마지막엔 '오늘도 잘했어!'라고 말해 주세요."*
- **보정**: *"너무 딱딱하지 않게, 따뜻한 리듬으로 대화해주세요."*

ChatGPT

ChatGPT는 "멋진 미래를 위해 오늘 공부를 얼마나 했나요?"처럼 감정적 톤을 유지하며 사용자의 상태를 묻고, 피드백을 따뜻하게 줍니다. 루틴표도 제시하지만, 그 안에 "위로의 문장"이 포함됩니다. AI가 감정적으로 사고하는 듯한 결과가 나옵니다.

예시 B: "감정 기록 + 일정 관리 융합 앱"

MCP 중심 설계

① **일정 에이전트**: 오늘의 일정 불러오기

② **감정 에이전트**: 현재 기분 입력받기

③ **통합 에이전트**: 일정과 감정 데이터를 결합해 UI 구성

바이브 코딩 중심 설계

① 감정이 '밝음'이면: 캘린더 배경 밝은 민트톤

② 감정이 '무기력'이면: 부드러운 회색, 위로 메시지 자동 출력

③ 감정이 '집중'이면: 딥블루 색상, 점점 선명해지는 효과

- **목표:** *"일정과 감정을 함께 기록하는 앱을 만들고 싶어요."*
- **감정:** *"차분하고 안정적인 톤, 오늘 기분에 따라 배경이 달라지게."*
- **맥락:** *"바쁜 학생들이 자기 감정을 시각적으로 인식하게 하는 용도예요."*
- **행동:** *"일정 추가, 감정 선택, 자동 색상 변환, 위로 문구 출력."*
- **보정:** *"너무 밝거나 과한 애니메이션은 피해주세요."*

ChatGPT

ChatGPT는 HTML/CSS/JS 코드에서 감정 값(emotion)을 변수로 처리하며, 그 값에 따라 색상·문장·폰트 두께를 자동 조정합니다. 이건 단순한 기능 구현이 아니라 감정 중심의 UI 설계 자동화예요.

예시 C: "감정 피드백형 학습 보조 시스템"

프롬프트 지시어

"오늘은 집중이 안 돼요."

ChatGPT

"오늘은 쉬운 복습으로 가볼까요?"

→ 화면 색상은 파스텔 블루로, 속도는 느리게 조정됩니다.

실습 시트: 감정 × 맥락 병렬 입력

항목	감정 입력	맥락 입력	결과
1	설렘	*새 프로젝트 시작*	생동감 있는 UI, 밝은 색감
2	지침	*마감 직전 작업*	느린 전환, 부드러운 위로
3	안정	*일상 기록*	차분한 톤, 간결한 문장

오늘의 감정과 지금의 상황을 각각 한 단어로 적고, ChatGPT에게 두 단어를 모두 포함한 프롬프트를 써보세요.

→ "감정"이 UI의 톤을 만들고, "맥락"이 기능을 결정합니다.

바이브 코딩이 '느낌의 언어'를, MCP가 '상황의 언어'를 담당한다면, ChatGPT는 그 둘을 번역하는 '이해의 인터페이스'입니다. AI는 이 구조 속에서 "논리 + 감정 + 상황"을 함께 해석하게 됩니다. 즉, 이제 AI는 인간의 명령을 따르는 것이 아니라 "감정의 이유와 맥락의 흐름"을 이해하며 움직입니다. 이것이 바로 "사고하는 AI"의 시작입니다.

ChatGPT 프롬프트 템플릿

AI에게 "대화 앱 만들어줘."라고만 하면 너무 추상적입니다. 특히 중장년층에게 필요한 것은 '복잡한 기술'이 아니라 따뜻한 소통 도우미입니다. 그래서 준비했습니다. 복사해서 바로 쓸 수 있는 **'ChatGPT 생활도우미 앱'.** AI에게 명령하듯 말하지 말고, 내가 원하는 감정과 맥락을 담아 설계하는 언어로 써보세요.

✦ 목표

"일상 속 궁금증이나 할 일을 챗지피티에게 쉽게 물어볼 수 있는 도우미 앱"

✦ 프롬프트 지시어

사용자

스마트폰에 익숙하지만 긴 문장은 부담스러운 중장년층·노년층

핵심 기능

- 음성으로 질문하기
- 대화 내용 자동 저장
- 자주 묻는 질문 모음
- 큰 글씨로 보기 / 글 읽어주기

- 추천 문장 예시 버튼("오늘 날씨 알려줘.", "식단 추천해 줘." 등)

바이브

- 따뜻한 베이지 톤, 큼직한 글씨, 천천히 등장하는 애니메이션
- 말투는 부드럽고 친근하게("오늘은 어떤 도움이 필요하신가요?")
- '챗지피티'라는 이름 대신 '말벗AI'처럼 친근한 별칭 사용

데이터

- *localStorage*에 대화 기록 저장
- 최근 대화 5개는 자동으로 불러오기
- 음성인식 API 및 음성출력 기능 연동(웹용)

예외

- 음성 인식이 실패하면 "다시 말씀해 주시겠어요?" 음성 안내
- 인터넷 연결이 끊기면 "잠시 후 다시 연결해 볼게요." 문구 표시
- 잘못된 입력 시 안내창 표시("이건 제가 아직 배우는 중이에요.")

✨ ChatGPT

- HTML + CSS + JS
- 큰 글씨 / 명확한 버튼 중심 UI
- 음성입력·출력 포함
- 코드 내 주석 자세히
- "말풍선형 대화창 + 대화 저장 기능" 포함

테스트

① "오늘 날씨 어때?"를 음성으로 입력했을 때 결과가 보이는지
② 새로고침 후에도 대화 내용이 남는지

③ 글씨 크기 변경 버튼이 작동하는지

④ 음성으로 답변이 잘 재생되는지

예시 A: "말벗AI – 챗지피티 생활대화 앱"

항목	내용
목표	*"대화가 익숙하지 않은 중장년층도 챗지피티와 쉽게 소통할 수 있는 앱."*
바이브	*"잔잔한 음악, 둥근 버튼, '오늘 하루도 수고 많으셨어요.' 문구."*
핵심 기능	음성 대화 / 자동 저장 / 추천 질문 보기 / 글씨 확대 / 감정별 배경 변경
데이터	localStorage(최근 10회 대화 저장)
테스트	음성 인식 → 답변 표시 → 저장 → 다시 읽어주기 순으로 정상 작동 여부 확인

✦ 작동 원리

이 프롬프트를 AI에게 그대로 입력하면 기본적인 음성 대화형 HTML/CSS/JS 코드가 생성됩니다. 그 후 다음과 같이 점진적으로 수정하면서 완성도를 높입니다.

✦ 프롬프트 지시어

"글씨를 조금 더 크게 해줘."

"답변이 나올 때마다 배경색을 천천히 바뀌게 해줘."

"'좋아요!'라는 음성 반응을 추가해 줘."

이처럼 명령이 아닌 피드백 중심의 대화를 통해 AI와 함께 설계하며
더 따뜻한 앱을 만들 수 있습니다.

ChatGPT 결과물 체크

① 음성으로 질문 → 대답이 자연스럽게 출력되는가
② 화면 글씨 크기가 조절되는가
③ 대화 내용이 새로고침 후에도 남는가
④ 인터넷 끊김 시 안내 문구가 뜨는가
⑤ 감정별 배경색이 정상적으로 바뀌는가

정리

포인트	설명
명령보다 감정 중심	*"질문 앱 만들어줘."*보다 *"천천히 말 걸고, 글씨가 크게 보이는 앱으로"*가 더 정확합니다.
짧고 구체적으로	*"음성으로 질문 가능 / 대화 저장 / 큰 글씨 보기"*처럼 한 줄씩 쓰기
대화형 수정	*"배경색 부드럽게"*, *"음성 안내 톤 더 따뜻하게"*처럼 조금씩 조정
감정어 추가	*"따뜻한"*, *"편안한"*, *"느긋한"* 같은 단어가 디자인 방향을 잡아줍니다.

AI는 인간의 언어를 배우고 있습니다. 하시만 그 언어를 '기술직 데이터'로 만 다루면 기계는 인간의 마음을 끝내 이해하지 못할 것입니다. ChatGPT가 아무리 똑똑해져도, 그 문장은 결국 우리가 가르친 문장에서 나온 것입니다. AI의 언어 속에는 언제나 인간의 흔적이 남습니다. 그 흔적을 더 따뜻하게, 더 명료하게 남기는 것. 그것이 AI를 인간답게 쓰는 기술입니다. 바이브 코딩은 인간의 감정을 언어로, MCP는 그 언어를 맥락으로 확장합니다. 그리고 ChatGPT는 그 둘을 이어주는 지능형 대화 인터페이스입니다. 이 세 가지가 만나면 기술은 더 이상 차가운 계산이 아니라 감각과 사고가 공존하는 새로운 지성으로 진화하게 될 것입니다.

처음 만나는 바이브 코딩 X MCP

4부

새로운 문해력 –
감정·맥락·AI의 공존

우리는 오랫동안 문해력을 "글자를 이해하는 능력"으로 배워왔습니다. 하지만 이제는 글자보다 맥락, 정보보다 의도, 사실보다 감정의 결을 읽는 시대가 되었습니다. AI 시대의 문해력은 단순히 '문장을 해석하는 기술'이 아니라, 문장 너머의 의도와 분위기를 감지하고, 그 의미를 다시 설계하는 능력으로 확장되고 있습니다. 문해력은 더 이상 독해(reading)가 아니라 공감적 설계(empathetic design)로 진화하고 있습니다.

바이브 코딩은 이 감정 문해력의 실천 언어입니다. 감정 문해력이란, 표현된 말보다 그 말의 온도와 리듬을 읽는 능력입니다. 예를 들어 누군가 "괜찮아요."라고 말했을 때 그 말이 진짜 '괜찮음'인지, 혹은 '괜찮지 않지만 괜찮다고 말하는 것'인지를 감지하고 이해할 수 있다면, 그것이 바로 감정 문해력입니다. AI도 마찬가지입니다. 이제 AI는 사용자의 말 속 감정을 인식해야 제대로 작동합니다. 따뜻한 응답을 설계하려면 감정의 단서(톤, 어휘, 맥락)를 읽을 수 있어야 하죠. 바이브 코딩은 그런 감정의 결을 데이터로, 언어로, 코드로 번역하는 기술입니다. 감정 문해력은 곧, 기술이 인간의 마음을 이해하는 첫 단계입니다.

MCP는 맥락 문해력을 구현하는 프레임입니다. 이건 단순히 "문장의 배경을 아는 능력"이 아니라 하나의 정보가 여러 맥락 속에서 어떻게 달라질 수 있는지 감지하는 사고 구조입니다. 예를 들어 "지금은 늦었다"라는 말은 사랑의 고백에서는 후회일 수 있고, 비행기 출발 앞에서는 사실 보고일 수 있습니다. 문장의 의미는 맥락에 따라 완전히 달라지니까요. AI는 이런 변화를 인식하지 못하면 인간 언어의 핵심을 이해할 수 없습니다. 그래서 MCP는 단순한 기술 표준이 아니라 "AI가 상황과 맥락을 함께 읽는 새로운 문해력 훈련"이라고 할 수 있습니다.

바이브 코딩이 '감정을 읽는 언어'라면, MCP는 '상황을 읽는 구조'입니다. 이 둘이 만날 때 비로소 새로운 형태의 문해력이 완성됩니다. 그것은 글을 단순히 읽는 능력이 아니라, 감정과 맥락을 재구성하여 의미를 설계하는 능력입니다. 이건 마치 피아노를 칠 때, 악보(논리)만 보는 게 아니라 그 곡의 감정선(리듬, 강약, 호흡)을 함께 연주하는 것과 같습니다. AI 시대의 문해력은 바로 그런 '감정적 해석 능력' + '맥락적 설계력'의 융합입니다.

✨ 새로운 문해력을 키우는 세 가지 연습

단계	훈련 방법	설명
① 감정 번역	글이나 말에서 감정의 톤, 속도, 색을 찾아보기	*"이 문장은 따뜻한가, 차가운가?", "어떤 리듬으로 읽히는가?"*
② 맥락 확장	같은 문장을 여러 상황에 넣어보기	*"이 말을 회의에서 하면?", "친구에게 하면?", "AI가 들으면?"*
③ 감정 - 맥락 통합	감정과 상황을 동시에 고려해 프롬프트 만들기	*"따뜻하지만 단호한 톤으로, 협업 회의용 메시지를 써줘."*

이 세 단계를 반복하면, AI와 인간이 공유할 수 있는 감정 기반 사고 문법이 자연스럽게 익혀집니다.

AI는 이제 문장을 '이해'하는 수준에서 '해석'하는 단계로 넘어가고 있습니다. 그 중심에는 감정의 민감성(sensitivity)과 맥락의 깊이(depth)가 있습니다. 문해력은 단어를 읽는 기술이 아니라 사람과 사람, 그리고 사람과 AI 사이의 감정적 해석 능력입니다. 이 능력이 있어야 AI가 만든 글도, 사람이 쓴 글도, 그 안의 진심과 의도를 구분할 수 있습니다. 결국 문해력은 더 이상 '독해 기술'이 아니라 '감정적 해석의 감수성'입니다.

　우리는 너무 오랫동안 '정답'을 찾아왔습니다. 학교는 정답을 외우는 법을 가르쳤고 사회는 얼마나 빨리 정답에 도달하느냐를 능력으로 평가했습니다. 그러나 이제 시대가 변하고 있습니다. 정답은 더 이상 인간의 언어를 대표하지 않습니다. 이제 세상은 '감각의 시대', '느낌으로 이해하는 시대'로 넘어가고 있습니다.

　AI가 인간의 언어를 배우기 시작하면서, 우리는 다시 묻습니다. "인간다움이란 무엇인가요?" 그리고 그 답은 놀랍게도 정확함이 아니라 감각, 맥락, 리듬 속에서 발견됩니다. 기계는 언제나 우리보다 더 빠르게 계산합니다. 하지만 그 계산에 온도가 없을 때 인간은 외로워집니다. 우리가 바이브 코딩과 MCP를 이야기하는 이유는 바로 여기에 있습니다. 기술이 감정을 이해하고 생각의 흐름을 존중할 때 비로소 인간과 기술은 '협력자'가 됩니다.

✴ 감정으로 설계된 기술

　바이브 코딩은 기술의 언어 속에 감정을 다시 불어넣는 시도입니다. 한 줄의 코드가 아니라, 한 사람의 마음을 담은 설계의 문법입니다. 예를 들어 누군가에게 "오늘은 조금 지쳐요."라고 말할 때 그 문장은 데이터로만 보면 단순한 문자열일 뿐입니다. 하지만 AI가 그 문장의 '느낌'을 읽을 수 있다면 화면은 조금 더 부드러워지고, 색상은 약간 더 따뜻해질 것입니다. 그리고 그 순간, 기술은 사용자에게 말을 거는 존재가 됩니다. 이건 단순히 디자인의 영역이 아닙니다. 감정은 사고의 속도와 방향을 결정짓는 실질적인 신호이기 때문입니다. 기술이 감정을 이해한다는 것은 인간의 생각 방식을 함께 '공명(Resonance)'한다는 의미입니다. 그래서 바이브 코딩은 단순한 도구가 아니라 감정의 언어를 배우는 철학입니다. 감정은 기술의 가장 오래된 데이터이자, 인간의 가장 근원적인 알고리즘이기 때문입니다.

✨ 맥락으로 연결된 세계

MCP는 서로 다른 시스템과 AI, 그리고 인간이 맥락을 공유하며 협력할 수 있도록 돕는 연결의 언어입니다. 지금까지의 AI는 질문에 답하고, 명령을 수행하는 단선적인 존재였습니다. 하지만 MCP는 그 한계를 넘어섭니다. 이 프로토콜은 '무엇을 할 것인가'보다 '왜, 누구를 위해, 어떤 상황에서 할 것인가'를 함께 고려합니다. 예를 들어 "오늘의 일정으로 보고서를 작성해 줘."라고 말하면 MCP는 그 명령을 여러 에이전트가 나누어 협력하도록 만듭니다. 하나는 캘린더를 불러오고, 하나는 문체를 정리하고, 또 다른 하나는 감정의 톤을 맞춥니다. 그리고 그 모든 과정이 하나의 '맥락'으로 이어집니다. 그것은 단순히 데이터가 오가는 과정이 아닙니다. 서로 다른 사고가 하나의 리듬으로 공명하는 과정입니다. MCP는 결국, 기술이 인간의 생각 구조를 닮아가도록 돕는 일종의 '사유의 프로토콜'입니다.

✨ 인간이 다시 배우는 언어

우리가 다시 배워야 하는 것은 '코딩 언어'가 아닙니다. **이제는 '생각을 번역하는 법' 그리고 '감정을 논리로 전환하는 법'을 배워야 합니다.**

한때 우리는 글을 통해 사고를 기록했습니다. 이제는 프롬프트를 통해 사고를 실행합니다. 문장은 종이에서 벗어나 AI의 기억 속에서 살아 움직입니다. AI는 우리의 문장을 읽고, 그 속의 의도와 맥락을 해석하고, 새로운 문장을 만들어 다시 우리에게 되돌려줍니다. 일종의 언어 확장인 거죠. 하지만 동시에 인간에게는 새로운 책임이 생깁니다. 우리가 '어떤 언어로 생각하느냐'가 이제는 '어떤 기술이 만들어지느냐'를 결정하기 때문입니다. **AI는 인간의 말을 흉내 내지만 그 말의 온도와 결을 만드는 것은 여전히 인간입니다.** 그래서 우리는 더 섬세하게 말해야 하고, 더 진심으로 표현해야 합니다. AI가 우리의 말을 배운다면 그 말 안에는 언제나 인간의 품격과 감정의 깊이가 함께 들어가야 합니다.

✨ 대화의 시대가 열리다

AI와 인간이 함께 쓰는 시대는 결국 '대화의 시대'입니다. 기술이 인간의 언어를 배우는 순간 우리 또한 '대화하는 능력'을 다시 배워야 합니다. 이제 중요한 것은 "얼마나 똑똑한가"가 아닙니다. **"얼마나 이해하고 공감할 수 있는가"**입니다. 우리가 AI에게 "조금 더 따뜻하게 말해줘요."라고 요청할 때 그건 단순히 톤을 바꾸라는 명령이 아닙니다. 그건 "나의 마음결에 맞춰줘요."라는 부탁입니다. AI가 그 리듬을 감지하고 반응할 수 있을 때 비로소 기술은 인간의 세계 속으로 들어오게 됩니다. 이제 대화는 인간과 인간을 넘어서, 인간과 기술이 서로의 생각을 번역하는 새로운 형식으로 확장되고 있습니다. 그 첫 번째 언어가 바로 바이브 코딩이며 그 대화의 문법을 가능하게 하는 구조가 바로 MCP입니다.

✦ 교실의 미래, 사고의 재구성

이 책이 가장 먼저 닿기를 바라는 곳은 교실입니다. 교육은 결국 '생각을 가르치는 기술'이며, 바이브 코딩과 MCP는 그 생각의 리듬을 시각화하고 감각화하는 언어입니다. 학생이 스스로의 감정을 데이터처럼 다루며 "오늘은 조금 무기력해서 공부 속도를 줄여야겠다."라고 판단할 수 있다면 그는 이미 자기 감정을 설계할 줄 아는 사람입니다. 그 감정 데이터를 기반으로 학습 루틴을 조정하는 것이 바로 '감정 기반 사고 훈련', 즉 바이브 코딩형 학습법입니다. **교사는 이제 지식을 전수하는 존재가 아니라 학생의 리듬을 조율하는 사유의 디렉터가 됩니다.** AI는 그 악보를 함께 읽는 협주자가 됩니다. 기술이 교실을 차갑게 만들지 않도록 우리는 감정의 언어로 다시 수업을 디자인해야 합니다. "어떤 데이터로 가르칠까"가 아니라 "어떤 감정으로 이해하게 할까"를 묻는 교육. 그것이 바이브 코딩이 열어주는 새로운 교실의 형태입니다.

✦ 인간의 리듬을 지키는 기술

우리가 기술을 두려워하는 이유는 그 속도가 너무 빠르기 때문입니다. AI는 이해하기 전에 예측하고, 감정을 느끼기 전에 모방합니다. 그러나 속도는 결코 방향을 대신할 수 없습니다. **우리가 느린 이유는, 우리가 생각하는 존재이기 때문입니다.** 그 느림 속에는 사유의 온도, 선택의 무게, 그리고 인간이 쌓아온 '시간의 깊이'가 있습니다. 바이브 코딩은 그 느림을 존중합니다. 생각을 급히 계산하지 않고 감정을 코드로 천천히 번역합니다. 그건 단순히 '효율을 낮추는 일'이 아니라 기술 속에서 인간의 리듬을 다시 세우는 일입니다. MCP는 그 리듬을 기술이 이해할 수 있도록 만드는 연결 구조입니다. 감정과 맥락. 이 두 축이 만나는 순간 기술은 인간의 언어로 다시 태어납니다.

언젠가 AI는 인간보다 더 정교하고 완벽한 언어를 쓸지도 모릅니다. **그러나 저는 여전히 오타가 남아 있는 인간의 문장을 사랑할 것입니다. 그 문장 속에는 고민이 있고, 망설임이 있고, 그리고 무엇보다 '진심'이 있기 때문입니다.** 기술의 진보는 인간의 손끝에서 시작되었고, 앞으로도 그 중심은 변하지 않을 것입니다. 바이브 코딩과 MCP는 단순한 기술의 진화가 아니라 인간의 감정과 기술의 언어가 서로를 배워가는 이야기입니다. 이 책이 그 여정의 첫 페이지가 되기를 바랍니다.

감정은 기술의 언어를 부드럽게 하고, 맥락은 그 언어의 방향을 잡아줍니다. 그 두 가지가 만나면 **기술은 처음으로 '이해하는 존재'가 됩니다.** 그리고 그 순간, 인간은 기술을 통해 다시 자신을 배우게 됩니다. 이것이 우리가 다시 배우는 언어이며, 이 책이 품고 있는 마지막 리듬입니다.

AI·바이브 코딩·MCP
핵심 용어집

Krea 이미지 생성

✨ 기본 용어

용어	한 줄 정의	쉽게 이해하기
AI (인공지능)	인간의 학습·판단·추론을 흉내 내는 기술	스스로 배우는 컴퓨터 두뇌
생성형 AI	배운 데이터를 바탕으로 새 콘텐츠를 만드는 AI	시(詩), 그림, 음악까지 만들어내는 창작형 AI
LLM (대형 언어모델)	방대한 문장 데이터를 학습한 AI 언어 엔진	GPT, Claude, Gemini 등
프롬프트 (Prompt)	AI에게 '무엇을, 어떤 식으로' 요청하는 문장	"따뜻한 말투로 이메일 써 줘."처럼 요청문 자체

멀티모달 (Multimodal)	텍스트, 이미지, 음성 등 다양한 입력을 이해하는 AI	"사진 보여주면 설명해 주는" AI
환각 (Hallucination)	AI가 그럴듯하게 틀린 정보를 만들어내는 현상	"AI의 착각"이라고 생각하면 쉬워요.
추론 (Inference)	학습한 내용을 바탕으로 결과를 만들어내는 과정	학습이 '공부'라면, 추론은 '답하기'예요.

✨ MCP 용어

용어	한 줄 정의	쉽게 이해하기
MCP (Model Context Protocol)	여러 AI와 시스템이 맥락(Context)을 공유하며 협력하도록 돕는 통신 규약	AI들이 서로의 생각을 이해하게 해주는 언어
MCP 서버 (Server)	데이터나 기능을 외부에 제공하는 쪽	AI가 참고할 자료 창고
MCP 클라이언트 (Client)	MCP 서버에 연결해 정보나 기능을 요청하는 쪽	AI 대신 움직이는 심부름꾼
맥락 교환 (Context Exchange)	AI들이 대화 중 상황·의도·환경 정보를 함께 나누는 과정	단순한 명령이 아닌 '이유와 배경까지 전달'
에이전트 (Agent)	특정 역할을 맡아 스스로 일하는 AI 구성 요소	"달력 정리하는 AI", "문서 정리하는 AI" 같은 조력자
툴 콜링 (Tool Calling)	AI가 외부 도구(API, 데이터베이스 등)를 불러 사용하는 과정	필요할 때 직접 손 뻗어 도구를 쓰는 AI

| 보안 계층
(MCP Guardian) | MCP의 데이터 전송을 보호하고 인증하는 안전 장치 | AI와 외부 도구 사이의 경비 |

✦ 바이브 코딩 용어

용어	한 줄 정의	쉽게 이해하기
바이브 코딩 (Vibe Coding)	감정과 맥락을 설계 언어로 바꾸어 AI와 협업하는 기술	감정으로 코드를 짜는 사고법
바이브 데이터 (Vibe Data)	감정을 수치나 속성으로 표현한 데이터	예 '밝음=1', '편안함=0.8'
감정 파라미터	디자인·문장 톤·속도 등을 조절하는 감정 변수	"차분한 톤으로 말해줘."가 감정 파라미터
감정 지도 (Emotion Map)	사용자 여정 중 감정 변화 곡선을 시각화한 자료	UX 설계의 핵심 도구
리듬 그래프 (Rhythm Graph)	"생성 → 실행 → 수정"의 주기를 시각화한 곡선	생산성보다 리듬이 중요한 이유
바이브 톤 (Vibe Tone)	말투, 색감, 문체의 분위기를 통합한 설계 키워드	'따뜻한 톤', '단정한 톤'
프롬프트 템플릿	AI 요청을 구조적으로 정리한 기본 틀	"목표 / 사용자 / 기능 / 바이브 / 데이터 / 테스트" 등 7요소 구조
실습 시트	직접 따라 하는 실전 연습용 시트	감정 매핑, 맥락 설계 등 실습 중심 자료

✨ 기술 심화어

용어	한 줄 정의	쉽게 이해하기
Chain of Thought (사고 사슬)	AI가 답을 내기 전 내부적으로 단계를 따라 추론하는 방식	생각의 흐름을 따라가는 사고 과정
Grounding (현실 연결)	AI가 외부 데이터와 연결되어 현실 정보에 기반한 답을 내는 기능	AI가 허공이 아닌 '현실'을 참조하는 능력
RAG (검색 보강 생성)	검색 + 생성 결합으로 더 정확한 답을 생성	AI가 검색하고, 그다음 말한다
Emergence (자기조직화)	여러 단순 규칙이 모여 복잡한 행동을 만들어내는 현상	AI의 창의성은 이 현상에서 시작된다
Explainability (설명 가능성)	AI가 자신이 왜 그런 결정을 했는지를 설명하는 능력	이유를 말할 줄 아는 AI
Bias(편향)	데이터나 학습 과정의 왜곡으로 인한 불공정성	기계도 배운 대로 생각한다
Overfitting / Underfitting	데이터에 너무 맞추거나 너무 못 맞춘 학습 상태	시험 문제만 외운 학생 vs 교과서도 모르는 학생

✨ 신조어 & 새로운 흐름

용어	한 줄 정의	쉽게 이해하기
Agentic AI (에이전틱 AI)	자율적으로 협업하고 판단하는 AI 군(群)	MCP와 결합 시 가장 강력한 구조

Distributed AI (분산형 AI)	여러 AI 시스템이 서로 역할을 나눠 협력하는 구조	AI 팀워크
MCP Guardian / Safety Scanner	MCP 네트워크의 보안 점검 도구	오픈 프로토콜의 안전 장치
Prompt Stack	여러 프롬프트를 단계별로 쌓아 복잡한 결과를 만드는 설계 방식	AI 사고의 계단 만들기
Context Synchronization (맥락 동기화)	여러 AI가 같은 정보 상태를 유지하도록 조율하는 기술	AI들의 머릿속 시계 맞추기
Vibe-Driven Design	감정 데이터를 중심으로 제품을 설계하는 방법론	감정이 UI를 움직이는 설계법
Human-in-the-Loop	AI가 작업을 진행할 때 중간중간 인간의 피드백을 받는 구조	AI의 멘토 역할
Co-Creation (공동 창작)	인간과 AI가 함께 만드는 창작 방식	아이디어의 파트너로서의 AI

✦ 용어 체계도 요약

AI 기술

```
├─ 생성형 AI
│    ├─ LLM
│    ├─ Multimodal
│    └─ RAG / Grounding
├─ MCP (맥락 공유 프로토콜)
│    ├─ MCP Server / Client
│    ├─ Context Exchange
│    └─ Agentic AI
└─ 바이브 코딩 (감정 설계 언어)
     ├─ 감정 파라미터
     ├─ 리듬 그래프 / 감정 지도
     └─ 프롬프트 템플릿
```

Krea 이미지 생성

바이브 코딩 연습장

✦ 기본 환경(초심자용)

"AI와 대화로 프로토타입을 만들어보는 수준"

목적	추천 도구	설명
AI 대화 및 코드 생성	ChatGPT / Claude, Gemini	• 바이브 코딩의 핵심 도구 • 감정·맥락을 담은 프롬프트를 입력하면 코드, 문장, 디자인 등을 생성
UI 확인용 에디터	CodePen, Glitch, Replit	ChatGPT가 만들어 준 HTML/CSS/JS 코드를 바로 붙여서 실행해 볼 수 있는 웹 기반 실험실
문서 정리용 노트	Notion, Google Docs	프롬프트 구조(목표·감정·데이터·출력물)를 정리하고 기록하기 위한 도구
색감/감정 리소스	Coolors, Figma, Canva	감정별 색상 팔레트나 UI 시안 제작에 사용

이 단계에서는 코드를 몰라도 됩니다. ChatGPT + Replit만으로도 완전한 "감정형 미니앱"을 만들 수 있습니다.

✦ 확장 환경(실전용)

"코드 수정과 데이터 저장까지 해보고 싶다면"

목적	추천 프로그램	설명
로컬 실행 환경	VS Code + Live Server Extension	ChatGPT가 만든 HTML/CSS/JS를 직접 수정하며 감정 톤 실험 가능
데이터 저장/복원	브라우저 localStorage API / Firebase Lite	감정 일기, 피드백 버튼 등 데이터를 저장·불러오기 기능 실습
버전 관리	GitHub / GitHub Copilot Chat	코드 실험 결과를 관리하고 감정별 버전을 비교
AI 연동 테스트	OpenAI API Console (https://platform.openai.com)	"감정 → UI 변화" 같은 자동화를 API 레벨에서 구현 가능

✨ 고급 환경(바이브 코딩 + MCP 통합 실험용)

"AI 여러 개를 동시에 연결하고 싶다면"

목적	도구 / 기술	설명
다중 AI 협업	Model-Context Protocol (MCP) SDK / Node.js	여러 AI(감정 분석 AI, 문서 요약 AI 등)를 하나의 맥락으로 묶는 기술
백엔드 프로토타이핑	Flask (Python) 또는 Express (Node.js)	간단한 웹 서버를 열어 AI 간 데이터 흐름을 테스트
UI 시각화	Figma + Framer Motion / Three.js	감정과 맥락이 변할 때 색·속도·형태를 시각화하는 데 활용

협업형 실험실	Google Colab + OpenAI API Key	팀원과 함께 바이브 코딩 실습을 실시간으로 공유

✨ 실제 예시

ChatGPT + CodePen + Notion 3세트만 있으면 이렇게 할 수 있습니다.

1. Notion에 프롬프트 템플릿 작성

- **목표:** *감정 일기 미니앱*
- **바이브:** *따뜻하고 부드러운 톤*
- **데이터:** *localStorage 자동 저장*
- **출력물:** *HTML + CSS + JS 코드*

2. ChatGPT에 복붙해 코드 생성
3. CodePen에 붙여 넣고 실행
4. 감정 색상과 문장을 수정하며 반복 테스트

> 🔍 **김프로 Tip**
>
> 이것이 바로 "실전형 바이브 코딩" 루프(생성 → 실행 → 수정)입니다. 초심자라면 여기까지로 완벽합니다.

✦ 정리

단계	필요한 프로그램	주요 목적
1. **기본**	ChatGPT, Replit	대화형 코드 생성
2. **확장**	VS Code, Firebase	데이터 저장·수정
3. **통합**	MCP SDK, Flask	AI 간 협업 구조 구현
4. **시각**	Figma, Coolors	감정형 UI 디자인

MCP 연습장

✦ MCP 실습에 필요한 프로그램

구분	프로그램명	역할 / 사용 이유	난이도
설계 도구	Notion / Miro / Google Docs	MCP 구조(목표 - AI역할 - 데이터흐름 - 출력) 설계용	★☆☆☆☆
대화형 엔진	ChatGPT / Claude / Gemini	MCP 시나리오를 언어로 설계하고 테스트	★☆☆☆☆
실행 환경 (프론트)	Replit / CodePen	여러 AI가 주고받는 결과 (UI)를 눈으로 확인	★★☆☆☆
실행 환경 (백엔드)	Node.js + Express / Python Flask	AI 간 데이터 흐름을 자동화하는 서버 실험	★★★☆☆
API 연동 도구	OpenAI API / Hugging Face Hub / LangChain	AI 모델을 연결하거나 교체할 때 사용	★★★★☆
맥락 동기화 도구	MCP SDK (Node or Python)	MCP 규격으로 Context를 주고받는 핵심 모듈	★★★★☆
시각화 도구	Figma / Draw.io / Framer Motion	AI 간 데이터 흐름을 감정적으로 시각화	★★☆☆☆
버전 관리 / 협업	GitHub / Google Drive	프롬프트, 코드, 피드백 버전 관리	★☆☆☆☆

✨ MCP 실습 순서

1. 시나리오 설계(계획 세우기)

- 사용 도구: Notion / Google Docs / Miro
- "무엇을 만들고 싶은가?"를 한 줄로 적어요.

  예 "학생의 감정과 집중도를 기반으로 학습루틴을 조정하는 시스템"
- 아래 표로 시나리오를 구성합니다.

항목	예시
목표	학습 감정 피드백 앱
참여 AI	감정분석 / 일정관리 / 추천 / 문체조정
데이터 흐름	감정 → 계획 → 추천 → 결과
출력물	맞춤 학습 카드
피드백	"오늘은 힘들어요." → 휴식모드 추천

2. 프롬프트 설계(언어로 코딩하기)

① 프롬프트 지시어

"학생의 감정 상태와 집중시간 데이터를 기반으로 오늘 학습 계획을 추천해 줘. 피로도가 높으면 복습 위주, 집중이 높으면 심화 문제를 제시해 줘. 결과는 HTML 카드 UI로 만들어줘."

이때 ChatGPT가 자동으로 "각 AI의 역할"을 추론하고 제안합니다. 결과물을 CodePen에서 바로 테스트할 수 있습니다.

② ChatGPT

▼ 코드 발행

❶ ChatGPT가 생성한 HTML·CSS·JS 코드를 복사

❷ CodePen에 붙여 넣고 실행

❸ 감정·맥락에 따라 바뀌는 UI를 시각적으로 확인

❹ 색, 속도, 문체 등을 수정하며 피드백 루프 체험

③ 피드백 프롬프트 지시어

색이 너무 차가워요. → 따뜻한 색감으로 바꿔줘.

이렇게 하면 AI가 맥락을 인식하고 전체 UI 리듬을 수정합니다.

✨ MCP 실전용 "빠른 스타트 세트"

목적	도구	링크
설계 & 기록	Notion	https://www.notion.so
AI 대화 / 프롬프트 테스트	ChatGPT	https://chat.openai.com
코드 실행	Replit	https://replit.com
AI 연동 테스트	OpenAI API Playground	https://platform.openai.com/playground
다이어그램	Miro / Draw.io	https://miro.com
협업 / 관리	GitHub	https://github.com

참고문헌

Anthropic, "Introducing MCP."

Bender et al. (2021) "On the Dangers of Stochastic Parrots."

Crawford, Atlas of AI

Google Cloud, "What is MCP?"

Model Context Protocol. Official site & docs.

OpenAI (2023) "GPT-4 Technical Report."

Reed et al. (2022) "A Generalist Agent (Gato)."

Team Google (2023/2025) "Gemini Technical Reports."

Turkle, Reclaiming Conversation (2015).

Vaswani et al. (2017) "Attention Is All You Need."

참고사이트

mitsloanedtech.mit.edu

modelcontextprotocol.io/docs

pixso.net/kr

post.parliament.uk

www.techradar.com

이미지

chatgpt.com

www.krea.ai/app

처음 만나는 바이브 코딩 X MCP

초판발행   2026년 3월 30일

지은이   김동한
공 저   남희영
펴낸이   안종만·안상준

편 집   김민경
기획/마케팅   차익주·양운철
표지디자인   이영경
제 작   고철민·김원표

펴낸곳   (주) **박영사**
              서울특별시 금천구 가산디지털2로 53, 210호(가산동, 한라시그마밸리)
              등록 1959.3.11. 제300-1959-1호(倫)
전 화   02)733-6771
f a x   02)736-4818
e-mail   pys@pybook.co.kr
homepage   www.pybook.co.kr
ISBN   979-11-303-9805-1   13000

정 가   17,000원